JN408816

윌리엄 블레어(William Newton Blair)

방위량(邦緯良)

(1876-1970)

섬김의 부흥운동가

윌리엄 블레어(William Newton Blair)
방위량(邦緯良)

(1876-1970)

섬김의 부흥운동가

오 순 방

뿌리총서 간행사

나무에 뿌리, 물에 샘이라는 것은 우리의 개천절 노래에도, 조선의 용비어천가에도 등장하는 의미 있는 비유입니다. 압축하면 본원(本源)이라 합니다. 만물의 본원을 지극한 단계까지 찾아나서는 행위는 자기 존재를 완전히 하고 역할 수행을 극대화하며 그만큼 의미 있게 살아가기 위한 필수적 작업입니다.

높은 산 등성이에 있는 작은 샘에서 솟아난 맑은 석간수가 바위골짜기를 거쳐 산 아래 도달하고 넓은 농지와 대도시와 중간에 있는 댐과 제방을 경험하며 넓은 바다로 가는 동안 주변에서 이른바 지천이 계속 합류하여 수량은 많아지는데 청정도는 점점 떨어지지만 공업, 농업, 발전, 또는 정수하여 수백만 도시민의 상수원으로 쓸 수 있게 되어 그 용도가 커집니다. 시작은 은미했으나 결과적 쓰임새는 광대합니다. 우리 숭실도 많이 커졌습니다. 처음 시작할 때는 문과 한 반으로 시작했고, 기독교적 사회지도자, 한국 교회의 지도자를 양성하는데 초점을 맞추었지만 이제는 40여개 학과와 학부, 그리고 대학원생을 합하면 17,000여명의 재학생이 있고, 상당한 규모의 건물도 있고 500여 전임 교수진도 있습니다. 그러나 커진 만큼 초기의 맑은 정신이나 숭고하다고 했었던 목적을 그대로 견지하고 있는지 살펴볼 필요가 있습니다.

2013년 가을 우리 숭실대학교에 '뿌리찾기위원회'가 발족하였습니다. 건학120주년 기념사업의 일환으로 평양에서 시작한 숭실대학의 정신, 그 흐름의 모습과 내용, 그리고 서울에서 재건할 때의 과정 등에 대하여 집중적으로 연구하고자 해서입니다. 평양 숭실의 설립자 베어드, 2대 교장 라이너, 3대 교장 마펫, 4대 교장 매큔, 5대 교장 마우리 다섯 분의 교장을 연구하여 평전을 짓고, 블레어, 편하설, 스월른, 솔토, 해밀튼, 클라크, 보컬 등 10명의 큰 업적을 이룬 분들을 집중적으로 연구하며, 더불어 평양대부흥회, 신사참배, 『논리약해』, 순교자, 선교사들의 부인, 숭실의 문인, 숭실의 음악인, 방지일 목사, 조만식 선생 등 30주제의 사건·저술·인물 등 특정 분야에서 이루어진 탁월한 업적을 연구하고 그 가치를 재현해 내는 것을 목표로 하였습니다.

이 연구에 한국교회사 연구에 있어 전문가이신 이상규 교수님(고신대), 김흥수 교수님(목원대), 임희국 교수님(장신대), 이덕주 교수님(감신대), 김승태 교수님(한국기독교역사연구소) 그리고 민경찬(한예종) 교수님을 각각 책임 연구원으로 모실 수 있게 된 것, 그리고 숭실대학교의 여러 학문 분야의 교수님들이 참여해 주신 것에 깊은 감사를 드립니다. 희귀 자료들을 선뜻 내어 주시고, 확보에 도움을 주신 한국교회사문헌연구원의 심한보 선생, 그리고 호주 선교회 관련 자료를 제공해 주신 전 예장(통합)교단 사무총장 조성기 목사님께 감사드립니다. 또 이번 일에 크게 도움을 주신 분으로 결코 빠뜨릴 수 없는 분이 있습니다. 숭실대학교 부설 한국기독교박물관의 학예사 한명근 박사입니다. 한명근 박사는 이번 일에 있어서 여러 형태로 많은 도움을 주었습니다. 무엇보다 박물관이 소장하고 있는 희귀 자료의 열람은 물론 사진들을 제공하여 연구와 연구물의 출판에 큰 도움을 주었습니다. 뿌리찾기위원회의 발족 때부터 연구 기획에서 김명배 교수가 많은 도움을 주었습니다. 또한 더불어 기획·사무·총괄 간사로 수고해 주신 오지석 박사께도 깊은 감사를 전합니다. 사무행정에서 매끄러운 진행을 배려해 주신 120주년기념사업회 윤형흔 부장님의 수고도 함께 오래도록 기억할 것입니다.

이제 그 연구결과들을 뿌리총서라는 이름으로 숭실대학교 한국기독교문화연구원에서 간행합니다. 1967년에 출범한 한국기독교문화연구원은 그 동안 줄곧 이름 그대로 한국의 기독교문화를 연구해 오고 있습니다. 우리 연구위원회에서 수행한 활동은 사실상 한국기독교문화연구원의 사업과 부합하며, 실제로 행정과 사무실, 소장 자료를 중심으로 진행되는 등 그 활동의 일환으로 진행되어 왔습니다. 뿌리총서 1호는 윌리엄 베어드입니다. 이어 평양 시절 숭실의 교장들의 평전이, 그리고 탁월한 업적을 이루어낸 분들에 대한 연구물이 그 일련 번호를 차례로 이어 나가게 됩니다.

항시 좋은 뿌리를 가졌다고 자부해온 우리 숭실인들이 그 뿌리의 형성 과정을 다시 살펴보고 오늘의 우리에게 나타나고 있는 가지와 잎과 꽃과 열매가 바람직한 형상과 품질과 격조를 지니고 있는지를 냉정하게 살펴보는 시간이 되기를 원합니다.

만시지탄이 큰 이 일이지만 그 중요성을 인식하시고 많은 어려움 속에서도 이를 발의하시고 재정을 마련하시고 행정의 틀과 편의를 제공하여 주신 숭실대학교 총장님께 깊은 감사를 드립니다.

2017년 4월

숭실대학교 뿌리찾기위원회 위원장

숭실대학교 한국기독교문화연구원장

곽 신 환 삼가 적음

목차

저자 서문

윌리엄 뉴튼 블레어(William Newton Blair, 방위량邦緯良, 1876-1970)는 1901년 9월 내한하여 1947년 대구선교부에서 은퇴하기까지 47년 동안 한국에서 사역했던 미국 북장로회 파송 선교사이다. 그는 1907년 "평양대부흥회" 당시 부흥회의 설교자이며 인도자였고, 1909년부터 일어난 "백만인 구령운동"과 1919년부터 1935년 사이에 진행된 "기독교 진흥운동"에서도 주도적인 역할을 담당하였다. 그는 한국교회의 개척사업과 기독교 교육사업에 지대한 공헌을 하였으니 장로회 평양선교부를 중심으로 한 서북지역의 5개군을 관할하며 순회전도사역을 하면서 57개의 교회를 개척하였고, 1902년부터 숭실학당(Soongsil Academy)과 평양신학교, 교회의 주일학교에서 교육사업에 헌신하였다. 1930년대 후기 일제의 신사참배 강요에 따른 탄압과 박해를 받는 가운데에도 블레어는 결연히 신사참배를 거부하다가 1942년 일제에 의해 강제로 출국 당해 미국으로 송환되었다.

그는 1902년부터 숭실학당에서 체육과 음악을 가르쳤고, 1908년과 1920년에는 미국에서 모금활동을 전개하여 숭실대학(Soongsil Union College)과 평양신학교의 건물을 신축하였으며, 1930년대에는 숭실대학의 교수로 재직하면서 후학을 양성하였고, 숭실대학이 신사참배를 거부하고 자진 폐교할 때에는 재단이사장으로 학교 운영과 폐교절차를 진행하는 등 숭실대학의 교육, 행정에 직접 참여한 경영자이기도 하였다. 그는 5권의 저작과 30여 편의 논문을 저술하였고, 대부분 영어로 기술한 저술 중에 3권의 한글 번역본이 출간되었지만, 아직 블레어의 한국선교사역과 숭실대학에 관한 전문적인 연구저작은 나오지 않았다.

블레어의 한국선교사역에 대한 본격적인 연구서는 2014년 김종부의 《방위량 선교사의 한국선교에 관한 연구》(고신대학교 선교목회대학원 석사학위논문, 2014.2.)가 나오면서 시작되었다고 할 수 있는데, 이 논문은 1901년부터 1942년까지 한국에서 진행한 블레어 선교사의 선교사역에 관한 전반적인 연구를 진행하였다. 근래에 출판된 변동헌 목사의 《그리운 방위량 선교사》에서는 캔자스주 위치타 대학에 소장된 블레어와 관련된 새로운 자료를 제공해주고 있다. 김종부의 석사학위논문은 주로 김승태와 김태곤이 번역 출판한 세 권의 블레어 저술과 타인의 전문연구서를 근거로 기술되었고, 영문으로 기술된 관련 논저를 섭렵하지 않아 블레어의 생애를 세밀히 고찰해 볼 수가 없고, 논지의 출처가 인용에 치우치는 경향이 있다. 변동헌 목사의 저술은 새로운 자료를 제공하고 있지만 이의 출처를 밝히지 않았고 전후의 문장이 연결되지 않아 번역인지 저술인지 구분이 되지 않았다. 한국어로 번역된 네 권의 블레어 저술은 확실히 본서의 집필에서 가장 중요한 논거를 제공해 주었고, 김종부 선생의 석사학위논문은 전체적인 구조의 틀을 제시해 주었다.

한국 기독교단에 남긴 윌리엄 블레어 선교사가 남긴 혁혁한 공헌은 그의 저서와 관련 논문을 통해 전체적인 윤곽을 살펴볼 수 있지만 블레어의 출생과 성장환경에 대한 자료, 개인 생활에 대한 전기적 자료가 부재하고 그가 1924년 기고한 《신학지남》의 선교문서에서 자신을 "신학박사 방위량"이라 지칭하였지만 그가 어디서 박사학위를 취득하였는지에 대해서는 어떤 자료에서도 설명이 없었다. 바로 그의 일생사적에 대한 전기가 집필되지 않았기 때문이다. 60세 이후의 노년생활은 일제강점기 말기부터 광복과 남북분단, 한국동란의 격변기에 해당하는데, 한국선교사 블레어의 생애와 선교업적에 대한 종합적인 연구를 위해서는 이 시기의 선교사료와 그의 일생사적에 대한 진일보한 조사와 검토가 필요하다. 이를 위해 미국의 출신지역 캔자스주와 그가 수학했던 캔자스 웨슬리안 대학과 맥코믹 신학교의 관련 자료를 조사하여 블레어의 전기적 사료를 보충하였다.

그가 활동했던 1901년부터 46년 동안은 한국 기독교 선교의 초창기에 해당하는데, 그는 이 시기에 한국기독교 선교의 개척자들 사무엘 마펫, 윌리엄 베어드, 윌리엄 스왈른, 윌리엄 헌트, 길선주 목사 등의 교회지도자들과 함께 동역하며 한국교회를 이끌어 나갔다. 때문에 그와 동역했던 선교사들의 사적과 전기를 통해 구체적인 블레어의 선교사역을 조감해볼 수 있겠다. 또한 그는 자녀의 결혼을 통해 동료선교사들과 인척관계를 맺었고, 평생 함께 동역하였다. 둘째 딸 캐서린은 윌리엄 헌트(한위렴)의 아들 브루스 헌트(한부선)와 결혼하였다. 윌리엄 헌트는 조선장로회교단의 창립기 부터 신사참배 반대운동에 이르기까지 신앙과 선교사역에서 뜻을 함께 하는 동역자로써 한국기독교단을 함께 이끌어온 선배이자 동지였다. 브루스는 프린스턴 신학교를 졸업한 후 한국에 선교사로 파송되어 한국선교를 위해 헌신하였는데, 블레어는 브루스와 함께 《한국의 오순절과 그 이후의 박해》라는 저서를 출간하였고 영문으로 선교논문을 발표하기도 하는 등 둘째사위 브루스 헌트와 오랫동안 동역하였다.

셋째 딸 에디트는 조지 매큔(尹山溫)의 아들 샤논 매큔(Shannon McCune)과 결혼하였다. 1936년 숭실전문의 조지 매큔 학장은 신사참배에 반대하여 일제에 의해 강제로 출국을 당하였고, 그 이후 미국에서 시라큐스대학을 졸업하고 한국을 방문한 샤논 매큔은 장인 블레어를 따라서 평북의 선천 개천지역에 순회선교여행을 동행한 적이 있었다. 샤논 매큔은 직접 목도한 블레어의 순회선교사역을 기술하여 선교지에 게재하였는데, 이는 우리가 한국기독교 선교사에서 문서로 기술한 1936년 이후의 가장 생생한 순회선교 여행기라 할 수 있겠다. 이 문장에서는 비록 학교교육을 담당했던 교육선교사 조지 매큔 박사 역시 담당지역의 교회를 순회 목회하였다는 증언이 나온다. 숭실대학을 비롯한 기독교학교는 모두 지역 교회를 기반으로 하고 있다는 사실을 말해주고 있다. 이런 가치 때문에 샤논 매큔의 여행기를 [부록2]로 수록하였다.

윌리엄 블레어는 자신의 사위와 인척관계의 동료선교사들과 평생을 함께 한국기독교 선교사역에 매진하였다. 때문에 윌리엄 헌트, 블루스 헌트, 조지 매큔에 대한 전문연구서를 통해 블레어의 선교사역과 그의 삶에 대해 고찰해 볼 수 있겠다. 그리고 블레어는 한국교회지도자들의 양육에도 진력을 다하였다. 영계 길선주 목사는 비록 블레어보다 나이가 많았지만 블레어는 목사로써 길선주 장로와 동역하였는데, 그가 목사로, 한국기독교의 지도자로 성장하는데 도움을 아끼지 않았고, 길선주 목사가 1920년대 조선장로회 총회장을 맡아 그를 진흥위원장으로 위촉했을 때에도 부름에 응하여 성실하게 헌신하였다. 20세기 후기 한국기독교계의 지도자 한경직 목사는 숭실대학 1학년 때부터 블레어의 개인비서로 일하면서 목회자의 길로 나아가기 위해 미국 유학을 하는데, 블레어 목사는 그가 성장하도록 직접적인 도움과 지도를 아끼지 않았다고 한다. 블레어의 선교와 교육사역을 길선주 목사와 한경직 목사의 전기를 통해 그에 대한 일화를 보충 설명하고자 한다. 그리고 평양대부흥회, 백만인 구령운동, 105인사건, 1919년부터 1932년에 이르는 제1차, 제2차 기독교 진흥운동, 1936년 이후의 신사참배 거부운동, 숭실대 일백년사, 장로교 교회개척사, 기독교 교육사료 등 1890년부터 반세기가 넘는 한국근현대사와 기독교역사의 주요 사료들을 참고하여 윌리엄 블레어의 생애와 한국선교, 숭실대학의 관계를 조명해 보았다.

본서는 국내외의 관련 논저를 수집 조사하여 모두 6장의 편폭으로 46년간 한국에서 진행된 블레어의 선교사역과 숭실대학에서의 교육사역에 대해 고찰해 보았다. 반세기에 걸친 블레어의 선교사역을 6장의 편폭으로 조감해보기에는 미진한 부분이 많아 좀 더 다른 시각에서 살펴볼 수 있도록 후반부에 세 가지 부록을 수록하였다. 【부록1】에서는 1907년 평양대부흥회에 대한 동료선교사 그래함 리의 참관기를 통해 블레어의 부흥회 선교사역을 고찰해 보았다. 【부록2】에서는 블레어의 셋째 사위 샤논 매큔이 동행하면서 기술한 블레어의 선천·개천지역 순회선교사역 여행기를 수록하여 1936

년 이후에 진행된 선교사의 순회선교사역 현장을 직접 체험하도록 하였다. 이 두 가지 부록은 타인의 시각에서 기술한 영어논문을 한글로 번역한 번역문이다. 【부록3】에는 블레어가 평양신학교에서 간행하는 《신학지남》에 기고한 다섯 편의 선교문서를 수록하여 그의 선교관과 선교사역에 대해서 직접 살펴보도록 하였다.

본서는 숭실대학교 뿌리찾기위원회의 요청을 받아 집필을 시작하였다. 본래 블레어의 생애와 숭실에서의 교육사역을 망라한 그의 평전을 계획하였지만 자료 수집의 어려움과 영문보고서와 서신을 번역하면서 여러 가지 한계가 있어 예정했던 수준에 미치지를 못했다. 근 반세기에 달하는 시간을 한국선교에 헌신한 블레어의 일생은 조선 말기, 일제강점기, 해방과 남북분단, 한국전쟁으로 이어지는 시련과 격변기의 와중에 있었고, 특히 1930년대 후기부터는 일제의 탄압과 태평양전쟁과 한국동란을 겪으면서 관련된 사료들이 대부분 유실되어 제1차 자료의 수집이 쉽지 않았다. 김종부의 석사논문을 비롯한 기존의 연구논저가 대부분 블레어 저술의 韓譯本에 기초를 두고 있지만 블레어 자신은 거꾸로 자신의 생애와 가정에 대해서는 거의 기술을 하지 않아서 블레어의 생애와 선교사역에 대한 평전을 서술하기 위해서는 진일보한 자료 수집이 필요하였다. 이 작업을 위해 숭실대 베어드학부의 성신형교수가 직접 미국의 웨슬리안 대학과 맥코믹 신학교 등의 관련 도서관에 직접 연락하여 도움을 주었기에 이 자리를 빌어 심심한 謝意를 전하는 바이다. 소중한 자료와 의견을 주신 고신대의 이상규 교수님과 변동헌 목사님께도 감사의 인사를 올린다.

자료 수집을 위해 도와준 최은정 선생과 오승일 선생에게도 감사를 드린다.

블레어는 1901년 구한말에 내한하여 한국선교 개척기에 하나님의 복음 전도를 위해 일생을 헌신한 위대한 선교사이다. 본서를 집필하는 과정에서 일생을 한국선교와 교육사역을 위해 헌신했던 블레어의 삶을 접하면서 더욱 그를 존경하게 되었고 초창기 한국교회와 지도자들에게 그리스도 안에서 한 몸이 될 것을 주창했던 화합과 단결의 목회자 블레어는 바로 한국교회의 발전에 크나큰 반석을 놓은 걸출한 지도자였기에 우리는 그를 師表로 삼아야 한다는 생각을 갖게 되었다. 복음 전도에 일생을 헌신한 블레어의 선교사역은 한국 기독교와 숭실대학의 발전에 밑거름이 되었다고 생각한다. 이제서야 블레어 선교사의 위대한 업적에 대해 알게 된 것을 정말 부끄럽게 생각하지만 그에 대한 연구에 동참할 수 있게 해주신 하나님과 숭실대학교뿌리찾기위원회의 곽신환 기독교문화연구원장께 진심으로 감사를 드린다. 블레어가 한국을 떠난 지 68년, 거의 60여 년 동안 한국인이 잊고 살았던 위대한 복음의 전도자, 한국 교회의 개척자를 연구하면서, 이 땅과 숭실대학을 위해 헌신했던 블레어 선교사에게 다시 한 번 감사와 존경의 인사를 올린다. 집필 과정에서 연구대상자와 사랑에 빠진다는 것은 큰 축복이라고 생각한다. 하지만 본서는 여러 가지 제약 속에서 거친 문장을 제대로 다듬지도 못한 채 탈고를 하게 되었다. 제1차 자료들을 조금씩 조금씩 보충해가고 있지만 아직도 미진함을 메꾸기에는 턱없이 부족한 것 같다. 우리 한국과 한국교회, 숭실을 위해 헌신했던 은인들의 발자취를 역사의 현장으로 복원시키기 위해서 우리 앞에 놓여진 과제는 아직도 많은 것 같다. 그중에서 블레어에 대한 본서의 연구가 의미 있는 한 걸음이 되기를 바라마지 않는다.

2017년 1월 楳花書屋에서

吳 淳 邦 謹 書

범 례

1. 한글을 중심으로 하고, 필요한 경우에 한글과 영어, 한글과 한자를 병기하였다.
   예) 깁썸힐 공동묘지 Gypsum Hill Cemetery, 그래함 리(Graham Lee, 이길함), 진흥운동(振興運動), 조선신궁(朝鮮神宮)

2. 필요한 경우에는 한글, 한자와 영문표기를 병행하였고, 본서와 관련이 있는 외국인 선교사가 처음 언급되었을 때 영문과 한글, 한자 성명과 생졸연대를 괄호 안에 표기하였다.
   예) 조지 샤논 매큔(George Shannon McCune, 윤산온 尹山溫, 1873-1941)

3. 외국인의 이름을 표기할 때에 가능하면 식별이 용이한 것과 사용빈도가 높은 명칭을 선택하였다. 대부분의 선교사가 한국 이름을 갖고 있어서 어느 정도 대중화된 경우는 한국식 이름을 사용하였으며, 영문명을 한글로 표기하였다. 의미를 명확하게 전달하고자 한자 표기만 한 경우도 있다.
   예) 윌리엄 블레어(William Newton Blair), 방위량(邦緯良), 四福音書, 特別大集會, 自給, 自傳, 自治

4. 교단 차원의 선교와 관련된 용어에서 Board, Mission, Station을 각각 선교 본부, 선교회, 선교지부로 옮겼다. 그리고 이 경우 대체로 Board는 미국 뉴욕에 있는 해외선교본부이고, Mission은 서울에 있는 한국선교회를 지칭하며 Station은 대구 부산 평양 선천 강계 등지에 있는 선교지부라고 하였다.

블레어 선교사(William Newton Blair, 1876-1970)
은퇴 후 자원 봉사하는 모습

1장

들어가는 말

제1장 들어가는 말

> 만일 한 지체가 고통을 받으면 모든 지체가 함께 고통을 받고 한 지체가 영광을 얻으면 모든 지체가 함께 즐거워하느니라. 너희는 그리스도의 몸이요 지체의 각 부분이라. (고전 12:25~12:26)

1907년 1월 6일 장대현교회 사경회와 연결된 토요일 밤 저녁집회는 1,500명 이상이 참석한 가운데 장대현교회에서 1907년 1월 6일부터 시작되었다. 여자들은 자리가 없어 참석할 수 없었다. 선교사와 한국인 지도자들이 돌아가며 저녁집회를 맡았으며 모두가 하나님의 사랑과 의의 필요성과 우리의 삶에 성령의 인도하심이 필요하다는 것을 보여주려고 하였다. 나는 고린도전서 12장 27절을 인용하여 설교를 했다. "너희는 그리스도의 몸이요 지체의 각 부분이라"는 말씀을 통해 교회의 불일치가 몸에 병이 난 것과 같다는 것을 보여주기 위해 노력했다. "만일 한 지체가 고통을 받으면 모든 지체가 함께 고통을 받고" 라는 말씀을 통해 형제의 마음을 상하게 하는 미움이 전 교회에 상처를 줄 뿐만 아니라 교회의 머리가 되시는 그리스도에게도 고통을 주는 것이라는 것을 보여주려고 노력하였다. 한국에 간 지 얼마 되지 않아서 나는 사냥을 하다가 한 손가락의 끝을 총에 맞는 사고를 당했다. 모든 한국 형제들이 이것을 알고 있었는데, 나는 그 집회시간에 나의 손을 내밀고 그 손가락의 상처 때문에 얼마나 내 머리가 아프고 온 몸이 고통스러웠는지를 말하였다. 이 예화는 그들의 마음속 깊이 파고들었던 것 같다. 설교 후에 많은 사람들이 슬픔에 가득 차서 다른 사람들에게 사랑의 부족을 고백했다.[1)]

위의 내용은 평양대부흥회가 시작된 첫 번째 저녁집회에서 설교자로 등단

---

1) 윌리엄 뉴튼 블레어 지음/김승태 역, 《정금 같은 신앙 *Gold in Korea*》, 한국기독교역사연구소, 2005년, 84-85쪽.

하여 설교한 내용과 그 이후 일어난 대부흥회의 성령 강림에 대해 블레어 선교사가 회고한 간증의 첫 번째 부분이다. 그는 1901년 한국에 선교사로 파송되어 와서 평양과 서북지방의 개척교회 선교사로 46년 동안 한국기독교와 교회의 부흥을 위해 헌신하였다. 한국교회 초창기, 세기가 전환되던 1901년 기독교 신자가 1만 명이 되지 않았던 한국교회에 부임하여 개척선교사로 신앙의 불꽃을 일으켰으니, 1907년 초부터 시작된 평양대부흥회 기간에는 사경회의 인도자로 설교자로 부흥회의 주역이 되어 전국을 순회하며 사경회를 인도하였고, 서북지방에만 57개의 교회를 개척하여 1910년에는 한국교회가 10만 명의 교인을 가진 규모 있고 자립된 기독교 교단으로 발전하는데 중요한 역할을 담당하였다.

일반적으로 한국기독교회사가들은 한국교회의 초창기(1890-1930년)에 교회를 획기적으로 부흥 발전시킨 데에는 한국교회가 처음부터 일관되게 네비우스 선교정책을 추진하였기 때문이라고 평가한다. 이 네비우스 선교정책을 교회개척에 적용시킨 가장 충실한 실천목회자로 대개 사무엘 마펫을 비롯한 평양선교지부의 미국북장로회 파송선교사들을 손꼽는데, 한국선교 1세대의 대표적인 선교사 사무엘 마펫 목사가 20세기 초기의 가장 뛰어난 실천목회자라고 지칭한 사람이 바로 윌리엄 블레어 선교사이다.

사무엘 마펫은 초기의 개척선교가 어느 정도 진행된 1900년 초, 평양선교지부와 숭실학당, 평양신학교 등의 교육기관에서 교육과 행정업무를 주관하기 위해 자신의 순회교구 안주선교지부를 윌리엄 블레어에게 이양하였고, 블레어는 네비우스 선교방법에 따라 교회를 개척하여 한국인 지도자들을 육성한 후, 각 지역의 교회를 한국인들이 자치, 자영하도록 한 후, 이들 교구 내의 교회들을 정기적으로 순회하며 지도하는 순회선교사역에 주력하였다.

그는 네비우스 선교정책에 따라 사경회를 개최하고 개교회와 선교지부를 중심으로 성경공부를 조직적으로 진행하였으며, 한국인 교회지도자를 양성하기 위해 성경훈련반을 조직하여 교육시켰다. 이 성경훈련반을 학교 교육으로 전환하여 목회자 양성을 하기 위해 고등교육기관인 대학과정과 신학교과정을 개설하게 되었고, 1903년부터 숭실대학과 평양신학교의 준비과정이 개설되었다.

네비우스 선교정책은 교회를 개척 발전시키면 한국인 신자들이 경비를 헌금하여 교회를 건축하고 목회자의 급여를 부담하는 등 自立, 自治, 自傳의 三自原則을 실천하는 것이다. 윌리엄 블레어 선교사는 교회를 개척 설립하여 경제, 행정적으로 자립단계에 이르면 한인 목회자를 교회의 담임목사로 세우고 자신은 뒤에서 지원하는 역할을 담당하였다. 이런 선교정책에 의해서 1907년 한국장로회 평양선교지부는 처음으로 7명의 한국인 목사를 안수 장립하였고 최초의 독노회를 창립하여 한국교회 자립 자치의 전통을 수립하였다. 미국 장로회 파송선교사들은 이 과정에서 자신들이 개척 설립한 교회의 행정권을 한국인 목회자들에게 이양해줌으로써 한국교회는 한인들이 自立, 自治, 自傳하는 모범적인 교회를 만들어나가게 되었다.

블레어는 1902년 이후 순회선교 목회를 하면서 교회를 개척하면 주일학교를 설립하여 어린이, 청소년, 성인들을 교회학교에서 교육하였다. 먼저 성경공부반을 개설하여 초신자들에게 《성경》을 가르쳤고, 이들을 교육시키기 위해 각 교회에 소학교를 개설하였다. 블레어는 사무엘 마펫의 선교30주년 기념예배에서 사무엘 마펫 목사가 약 300개의 소학교를 서북지역의 교회와 각지에 설립하였다고 증언한 적이 있는데[2], 블레어 선교사 역시 200여 개의 소학교를 각 교회에 설립하였다고 한다. 이런 초등교육은 교육과 경비를 전액 교회에서 부담하였고, 수많은 학생을 교육시켜서 이들을 더 교육시킬 수 있는 중등교육과정이 필요하게 되었고, 이로 인해 상급학교인 중학교의 설립을 촉진하게 되었다. 실제로 왕성한 선교활동으로 교회와 교인들이 양적

---

2) 마포삼열박사 전기편찬위원회 위원장 桂一勝은 사무엘 마펫이 3백여 소학교와 崇德, 崇實, 崇義, 崇實大學 등을 세웠다고 하였다. 桂一勝, 〈馬布三悅博士 傳記를 내면서〉(마포삼열박사 전기편찬위원회 편, 《馬布三悅博士傳記》, 大韓예수교長老會總會教育部, 1973년) 참조.

으로 급팽창한 서북지역에서는 중학교가 많이 설립되었고, 중학교 졸업생들을 교육시킬 고등교육의 필요성이 대두됨에 따라 교회 개척이 우선이었던 한국 기독교단에서는 고등교육기관의 설립을 계획하게 되었다. 중등학교 졸업생을 많이 배출한 서북지역의 중심지 평양에서는 이런 수요에 따라 한국에서는 처음으로 대학을 설립하게 되었다. 숭실대학의 설립은 네비우스 선교정책에 따라 설립된 많은 각지의 교회를 근간으로 각 교회에서 배출한 한국인 지도자들의 고등교육의 필요성 때문에 설립하게 된 것이다.

1901년 내한한 이래, 그는 순회전도사역을 주요 임무로 삼았지만 한국인 신자들의 교육을 위해 교회와 학교에서 가르치는 교육사역에 지속적으로 참여하였다. 그러나 목회선교에 전념하였기 때문에 기독교 교육사업의 전임 사역자로 참여하지는 못하였고, 목회사역과 병행하는 교육사업의 파트타임 사역자로 봉사하였다. 그는 4권의 서적을 영어로 출판하였고, 30여 편의 논문과 선교전단을 저술 발표하였지만, 그의 선교사 생애를 총괄하는 傳記나 연구서는 아직 발간되지 못했다. 여러 가지 이유가 있겠지만 가장 큰 원인은 그가 선교생활을 마감하고 은퇴할 시기에 한국은 일제의 식민지 통치하에서 기독교단과 교회는 정치적으로 심각한 박해와 탄압을 받고 있었다. 1936년 이후에 조선총독부는 신사참배를 강요하며 한국교회와 선교부를 압박하였고, 이를 거부한 많은 외국인 선교사들이 강제 출국을 당하였고 교회학교가 폐교를 당하는 등 극심한 고난을 겪게 되었다.

26세에 내한하여 일생을 한국에서 보냈던 윌리엄 블레어는 1936년 61세의 노령으로 은퇴를 앞두고 있었는데, 그해 숭실전문의 학장 조지 매큔 박사가 신사참배를 거부하고 일제에 의해서 강제로 출국을 당하였다. 1937년에는 맥코믹신학교 선배인 숭실전문 교수 번하이젤 목사가 은퇴하고 미국으로 귀국하였다. 사무엘 마펫과 윌리엄 베어드가 없는 한국의 미북장로회 선교부에서 그는 가장 나이가 많고 한국 기독교계의 사정을 잘 아는 원로가 되어 있었다.

중일전쟁을 일으키고 제2차 세계대전에 참전한 일제는 미국과 전쟁을 하면서 한국의 기독교회와 미국선교부에 갖가지 요구를 하면서 종교 탄압을 자행하였다. 그는 미국 북장로회 선교부를 대표하여 신사참배의 강요에 맞서 기독교 학교를 폐교시키고 예배의식을 비롯한 신앙활동을 계속할 수 있도록 노력하였다. 그는 일제의 탄압 속에서 외국인선교사로는 가장 늦은 1942년 6월 미국선교부의 마지막 선교사로 행정적 조치를 완료하고 한국에서 강제 추방되었다. 그의 동생 헐버트 블레어는 1906년 강계 지역의 개척선교사로 파송을 받아 이 지역을 부흥시켜 독립노회로 발전시켰고, 1940년에는 조선교회연합회 의장으로 선임되어 조선기독교단의 대표로 헌신하였는데 1938년 이후에는 신사참배문제로 일제의 극심한 박해를 받았다. 그는 1941년 한국교회연합회 의장으로 "세계여성기도일 사건"을 주관하다가 일제에 의해 강제로 추방되어 바로 한국을 떠났지만 미국행 선편을 탑승하지 못해 1942년 11월 필리핀에서 일제의 포로가 되어 필리핀 로스 바노스 수용소에 수용되었고, 영양실조로 인해 베리베리병에 걸려 1945년 2월 20일 수용소에서 사망하였다.

일제의 탄압과 강제 출국, 제2차 세계대전으로 인한 극심한 혼란으로 40여 년간 한국에서 진행된 선교사역에 대한 문서와 선교자료들은 지금 거의 유실되어 국내에서는 전체적인 상황을 파악하거나 조사하기가 힘든 실정이다. 조지 매큔 학장이 출국한 이후, 그가 미북장로회 선교부의 대표로 숭실중학과 숭실전문에서 집행한 행정업무 자료 역시 폐교 이후 조선총독부 학무국으로 이관된 뒤, 일본에 의한 세계대전과 광복, 남북의 분단과 한국전쟁의 발발, 남한으로의 이주과정에서 모두 분실되고 말았다.

윌리엄 블레어 선교사가 한국 기독교단에 남긴 혁혁한 공헌은 그의 저서와 관련 논문을 통해 전체적인 윤곽을 살펴볼 수 있지만 블레어의 출생과 성장환경에 대한 자료, 개인 생활에 대한 전기적 자료가 부재한 것이 현실이다. 그가 1919년과 1925년에 기고한 《신학지남》의 문서에 자신을 "신학박사 방위량"이라고 지칭하였지만[3] 그가 언제 어디서 박사학위를 취득하였는지에 대해서는 어떤 자료에서도 설명이 없었다. 바로 그의 일생사적에 대한 전기가 집필되지 않았기 때문이다. 60세 이후의 노년생활은 일제 말부터 광복과 남북분단, 한국동란의 격변기에 해당하는데, 블레어의 생애와 선교업적에 대한 종합적인 연구를 위해서는 이 시기의 그에 관한 선교사료와 그의 일생사적에 대한 진일보한 조사와 검토가 필요하겠다. 이를 위해 블레어의 출신지역 미국 캔자스주와 그가 수학했던 대학들 캔자스 웨슬리안 대학과 맥코믹 신학교 등의 관련 자료를 조사하여 블레어의 전기적 사료를 보충하고자 한다.

그가 활동했던 1901년부터 47년 동안은 한국 기독교 선교의 초창기와 발전기에 해당하는데, 그는 이 시기에 한국 기독교 선교의 개척자들 사무엘 마펫, 윌리엄 베어드, 윌리엄 스왈른, 윌리엄 헌트, 길선주 목사 등의 교회지도자들과 함께 동역하며 한국교회를 이끌어 나갔다. 때문에 그와 동역했던 상기한 네 분의 선교사들의 사적과 전기를 통해 구체적인 블레어의 선교사역을 고찰해볼 수 있다. 또한 그는 자녀의 결혼을 통해 동료선교사들과 인척관계를 맺었고, 평생 함께 동역하며 선교사역에 매진하였다. 둘째 딸 캐서린은 윌리엄 헌트의 아들 브루스 헌트와 결혼하였는데, 윌리엄 헌트는 조선장로회교단의 창립기부터 신사참배 반대운동에 이르기까지 신앙과 목회활동에서 일생 동안 뜻을 함께 하는 동역자로써 한국기독교단을 리드해온 동지였다. 브루스는 프린스턴 신학교를 졸업한 후 한국에 선교사로 파송되어 한국선교를 위해 일생을 헌신하였다. 블레어는 브루스와 함께 《한국의 오순절과 그 이후의 박해》라는 저서를 출간하였고 영문으로 선교논문을 발

3) 그는 〈振興運動〉에서는 "神學博士 邦緯良牧師"(《神學指南》 제2권 제4집, 1919년, 92쪽), 〈주일학교 헌신년에 대하여〉에서는 "신학박사 방위량목사"(《神學指南》 제7권 제1집, 1925년, 142쪽)라고 표기하였다. 그는 분명 1919년 전후에 신학박사학위를 받았다. 캔자스 웨슬리안 대학의 자료에 의하면 블레어는 1918년 웨슬리안 대학에서 명예신학박사학위를 받았다.

표하기도 하는 등 사위 브루스 헌트와 오랫동안 선교사역과 문서선교사업을 함께 하였다.

셋째 딸 에디트는 조지 샤논 매큔(尹山溫)의 아들 샤논 보이드 베일리 매큔(Shannon Boyd Bailey McCune)과 결혼하였다. 앞에서 언급한대로 조지 매큔 학장은 신사참배에 반대하여 일제에 의해 강제 출국 당하였고, 그 이후 대학을 졸업하고 한국을 방문한 샤논 매큔은 장인 블레어를 따라서 평북지역 순회선교여행을 다녀온 적이 있었다. 샤논 매큔은 직접 목도한 블레어의 순회전도여행을 기술하여 선교지에 게재하였는데, 이는 한국기독교 선교사에서 문서로 기술한 1930년대 후기의 가장 생생한 순회전도 여행기라 할 수 있다. 이 문장에서는 비록 학교교육을 담당했던 교육선교사 조지 매큔 박사 역시 담당지역의 교회를 순회 목회하였다는 증언이 나온다. 숭실대학을 비롯한 기독교학교는 모두 지역 교회를 기반으로 하고 있다는 사실을 입증해주고 있다. 윌리엄 블레어는 자신의 사위와 인척관계의 동료선교사들과 평생을 함께 한국기독교 선교사역에 매진하였다. 때문에 윌리엄 헌트, 블루스 헌트, 조지 매큔에 대한 전문연구서를 통해 블레어의 선교사역과 그의 삶에 대해 고찰해 볼 수 있겠다.

그리고 블레어는 한국교회지도자들의 양육에도 진력을 다하였다. 길선주 목사는 비록 블레어보다 나이가 많았지만 블레어는 길선주 장로와 동역하며 그가 목사로, 한국기독교의 지도자로 성장하는데 도움을 아끼지 않았다. 20세기 후기 한국기독교의 지도자 한경직 목사는 숭실대학 1학년 때부터 블레어의 개인비서로 일하면서 목회자의 길로 나아가기 위해, 미국 유학을 가는데 그가 성장하도록 직접적인 도움과 지도를 아끼지 않았다고 자서전에서 고백하였다. 블레어의 선교사역와 교육사역을 길선주 목사와 한경직 목사의 전기를 통해 블레어에 대한 일화를 보충 설명하고자 한다.

블레어 선교사에 대한 본격적인 연구서는 2014년 김종부의 《방위량 선교사의 한국선교에 관한 연구》(고신대학교 선교목회대학원 석사학위논문, 2014.2.)가

나오면서 시작되었다고 할 수 있는데, 이 논문은 1901년부터 1942년까지 한국에서 진행한 블레어 선교사의 선교사역에 관한 전반적인 연구와 평가를 진행하였다. 근래에 출판된 변동헌 목사의 《그리운 방위량 선교사》에서는 캔자스주 위치타 대학에 소장된 블레어와 관련된 새로운 자료를 제공해주고 있다. 김종부의 석사학위논문은 블레어의 한국선교에 대해 전반적인 고찰을 하였지만 주로 김태곤과 김승태가 번역 출판한 세 권의 블레어 저술과 타인의 전문연구서를 근거로 기술되었고, 영문으로 기술된 관련 논저를 참고하지 않아 블레어의 생애를 세밀히 고찰해 볼 수가 없다. 변동헌 목사의 저작은 새로운 자료를 제공하고 있지만 출처를 밝히고 있지 않고 전후가 연결되지 않아 번역인지 저술인지 구분이 되지 않았다. 한국어로 번역된 세 권의 블레어 저술은 확실히 본서의 집필에서 가장 중요한 논거를 제공해 주었다.

본서의 집필을 위해 상기한 자료 이외에 평양대부흥회, 백만인 구령운동, 105인사건, 1919년부터 1932년에 이르는 제1차, 제2차 기독교 진흥운동, 1936년 이후의 신사참배 거부운동, 숭실대 일백년 역사자료, 장로교 교회개척사, 기독교 교육사료 등 1890년부터 반세기가 넘는 한국근현대사와 기독교역사의 주요 사료들을 참고하여 20세기 초기 한국의 서북지역에서 교회개척과 기독교 교육에 혁혁한 업적을 남겼던 윌리엄 블레어의 한국선교사역과 숭실대학의 관계를 종합적으로 고찰해 보고자 한다.

2장

내한선교사 블레어의 선교사역과 삶

제2장 내한선교사 블레어의 선교사역과 삶

블레어 선교사의 노년 증명사진

블레어는 미국 캔사스주 샐리나(Kansas, Salina)에서 1876년 7월 11일에 부친 에드가 윌슨 블레어(Edgar Wilson Blair)와 모친 엠마 앤 블레어(Emma Ann Blair)의 가정에서 출생하였다. 그의 선대는 1718년 미국으로 이주한 스코틀랜드 및 아일랜드계 이민자였으며 미국 독립전쟁에 참전했던 알렉산더 블레어(Alexander Blair)의 후손이다.[1] 그는 장로교 전통이 강한 경건한 집안에서 성장하였는데, 어려서부터 샐리나 장로교회에 출석하였고, 이 교회는 블레어의 평생 친구이자 동역자인 윌리엄 히렘 폭스(William Hiram Foulkes) 박사의 아버지가 시무하는 교회였고, 두 가정은 이웃에 위치하였다.[2]

---

1) 박응규, 《한부선 평전》, 그리심, 2004년, 116쪽. *Oscar Newton Blair Family,* 1700-1974, BFH Archives에서 인용.

2) 《정금 같은 신앙 *Gold in Korea*》, 115쪽 블레어의 자술 참고. 윌리엄 히렘 폭스 박사는 미국 기독교의 대표적 지도자이자 장로교 목사이며, 미국 북장로회 해외선교부 실행위원을 역임하였다. 그는 1901년 블레어와 함께 맥코믹 신학교를 졸업한, 신학교 동기이기도 하다. 폭스 박사는 어려서부터 샐리나 장로 교회에서 함께 자랐고, 신학교에서 같이 공부한 죽마고우이자 신앙의 동역자로 블레어의 한국선교사역을 미국에서 전폭적으로 지원해 주었다.

[Seal.] of ____________, 19__

Clerk of the ____________ Court at ____________

Applicant desires passport to be sent to the following address:

[FORM FOR NATIVE CITIZEN.]

99477

Issued

UNITED STATES OF AMERICA.

State of Missouri

County of Jasper. } ss.

I, William Newton Blair, a Native and Loyal Citizen of the United States, hereby apply to the Department of State, at Washington, for a passport.

I solemnly swear that I was born at Salina, in the State of Kansas, on or about the 11 day of July, 1876; that my father Edgar Wilson Blair was born in Kossuth, Desmoines Co. Iowa and is now residing at Joplin, Mo.

that I have resided outside the United States at the following places for the following periods:

Pyengyang, Korea (Chosen), from Sept. 1901 to July, 1909.

Pyengyang, Korea, (Chosen), from Sept. 1910 to July 1918

and that I am domiciled in the United States, my permanent residence being at Topeka in the State of Kansas, where I follow the occupation of missionary.

My last passport was obtained from Washington DC [illegible], on about May 1918, and was [illegible] August 10, 1918. I am about to go abroad temporarily; and I intend to return to the United States within 9 years with the purpose of residing and performing the duties of citizenship therein; and I desire a passport for use in visiting the countries hereinafter named for the following purpose:

(Name of country.)	(Object of visit.)
Japan	enroute to Korea, (Chosen)
Korea (Chosen)	engaging in mission work

I intend to leave the United States from the port of San Francisco, Calif. sailing on board the Siberia Maru on September 5th, 1919.

OATH OF ALLEGIANCE.

Further, I do solemnly swear that I will support and defend the Constitution of the United States against all enemies, foreign and domestic; that I will bear true faith and allegiance to the same; and that I take this obligation freely, without any mental reservation or purpose of evasion: So help me God.

William Newton Blair (Signature of applicant.)

Sworn to before me this 17 day of July, 1919

[Seal of Court.]

Fee Received JUL 22 1919

Clerk of the [illegible] Court at [illegible] Mo.

* A person born in the United States should submit a birth certificate with his application, or if the birth was not officially recorded, affidavits from the attending physician, parents, or other persons having actual knowledge of the birth.

† If the applicant's father was born in this country, lines should be drawn through the blanks in brackets.

[over.]

블레어 선교사의 미국거류증

(Passport registration, 1911.5.17)

ACKNOWLEDGED

NOV 1912

OCT 29 1912

FILE

No. 397

CERTIFICATE OF REGISTRATION OF AMERICAN CITIZEN.

George H. Scidmore, Consul General of the United States of America at Seoul, Chosen, hereby certify that William Newton Blair is registered as an American citizen at this consulate. He was born July 11, 1876, at Salina, Kansas, and is a citizen of the United States by birth. He arrived in Chosen on or about September, 1910, at Pyeng Yang, Chosen and he is now residing at Pyeng Yang, Chosen for the purpose of missionary work. He is married to Ethel Pearl Allen Blair, who was born in Wisconsin and resides in Pyeng Yang, Chosen.

He has the following children:

Lois Blair born in Pyeng Yang, Chosen, on March 6, 1903 and residing at Pyeng Yang, Chosen.

and Katherine Blair born in Pyeng Yang, Chosen, on August 3, 1904 and residing at Pyeng Yang, Chosen

and Antoinette Blair born in Pyeng Yang, Chosen, on March 30, 1909 and residing at Pyeng Yang, Chosen;

and Edgar Allen Blair, born in Pyeng Yang, Chosen, on March 21, 1912, and residing at Pyeng Yang, Chosen.

In case of his death notify E. W. Blair, Joplin, Missouri.

His citizenship of the United States is established by his oath and by identification by Kim Ock Yong.

This certificate is not a passport and its validity expires on September 20, 1913.

The following is the signature of William Newton Blair

In testimony whereof I have hereunto signed my name and affixed my seal of office this 21st day of September, 1912.

Geo. H. Scidmore, Consul General

블레어 선교사의 미국 시민증

(Consular registration, 1913.9.20)

그는 1897년 캔사스 웨슬리안 대학(Kansas Wesleyan College)[3]을 졸업하고 맥코맥 신학교(McCormick Theological Seminary)에 진학하여 1901년 5월 졸업하였다. 그해 6월에 에디트 알렌(Edith Allen Blair, 1879-1942)과 결혼하여 슬하에 1남 3녀를 두었다. 1901년 여름 솔로몬 장로교회에서 목사안수를 받고, 1901년 9월 10일 블레어 부부는 미국 북장로회 선교부의 파송을 받아 선교사로 내한하여 1942년 일제의 추방으로 출국하기까지 한국교회의 부흥과 발전을 위해 헌신하였다. 그는 해방이 되자 1945년 9월 다시 내한하여 대구선교부에서 선교활동을 하였고, 1947년에는 소련군정의 허가를 받고 평양과 서북지방에서 강연과 설교를 하는 등 선교활동을 하기도 하였으며, 1947년 대구선교부에서 71세로 은퇴하였다. 그는 미국으로 돌아가 선교사 요양원에서 여생을 보내면서 영문으로 한국에서의 선교사역을 저술하였다. 그는 모교인 캔사스 웨슬리안대학에서 한국에서의 선교업적을 인정받아 1918년 명예신학박사학위(Honorary D. D.: Honorary Docter of Divinity)를 받았다. 그는 1970년 5월 2일 영면하여 고향 캔사스주 샐리나의 깁썸힐 공동묘지(Gypsum Hill Cemetery)에 "한국선교사(Missonary to Korea) 윌리엄 뉴튼 블레어"라는 묘비석 아래 매장되어 있다.[4]

---

3) 캔사스 웨슬리안 대학은 1885년에 미국감리교 북서부연회에서 설립한 학교로 당시 캔사스에 폭발적인 교육열로 인해서 여러 대학이 설립되는 과정에서 설립되었는데. 여러 지역을 물색하던 중에 샐리나에 종합대학이 없어서 설립하였다고 한다. 당시에는 미국전역에 감리교에서 새로 개설한 대학들이 많이 있었는데, 감리교 대학들은 다른 교파들과는 달리 일반대학에 준하는 커리큘럼으로 교육하였다. 때문에 장로교인인 블레어가 감리교계통의 웨슬리안 대학에 진학한 것으로 보인다. 이 대학의 인터넷 사이트에는 校史가 소개되지 않아서 성신형 교수가 직접 문의하여 알려주었기에 감사의 인사를 드린다.

4) Blair, William Newton, 1876-1970: b. Salina, Kansas, July 11, 1876; parents: Edgar Wilson Blair and Emma Ann Blair; graduated Kansas Wesleyan College, 1897; graduated McCormick, 1901; ordained by Solomon Presbytery, 1901; awarded honorary D.D. by Kansas Wesleyan College, 1918; missionary to Korea, 1901- (Pyongyang); married Edith Perl Blair, 1926; d. May 2, 1970; interred: Gypsum Hill Cemetery (Salina, Kansas). 이 자료는 맥코믹 신학교의 JKM library의 사서 Barry Hopkins씨가 제공해주었다. 자료의 검색을 위해 도와주신 숭실대 베어드학부의 성신형 교수에게 감사를 드린다. 위의 자료 중 그의 결혼연도는 잘못되어 "1901년"으로 수정되어야 한다.

차녀인 캐서린(Katherine Blair)은 선교사 브루스 헌트(Bruce F. Hunt, 한국명 한부선, 1903-1992)와 결혼하여 남편을 도와 한국선교에 헌신하였다.[5] 윌리엄 헌트 선교사[6]의 장남으로 태어난 브루스 헌트는 1928년 미국에서 프린스턴 신학교를 졸업하고 한국 선교를 자원하여 그해 9월에 미국북장로회 선교사로 내한한 뒤 청주지부에서 활동하였다. 캐서린은 평양에서 고등학교를 졸업하고 미국으로 유학을 떠나 파크 대학(Park College)을 졸업하고 아이오와 대학교(Iowa University)에서 영문학을 공부하였다. 그 후 미주리주에 있는 허쿨라니움(Herculaneum High School) 고등학교에서 1926년부터 1929년까지 근무하였다. 부르스와 캐서린은 두 사람의 모교인 평양 외국인학교에 교사로 재직하면서 만나게 되었다. 캐서린은 이때에 다시 미국으로 법학을 공부하러 가고자 하였으나 부르스의 청혼을 받아들여 결혼하게 되었고 1932년 9월 27일 평양 외국인학교에서 많은 하객들의 축하를 받으며 성대한 결혼식을 올렸다.[7] 헌트는 장인 블레어와 함께 평양대부흥회와 그 후에 일어난 박해에 대해 영문으로 저술활동을 하여 선교지에 발표도 하고 후에 저작을 출판하기도 하였다.

블레어의 가족사항에 대한 자료는 현재 명확하게 파악된 것이 없어서 그의 개인비서를 지냈던 한경직의 회고록과 미국시민증의 기록에 의거하면 슬

---

5) 박응규, 《한부선 평전》, 133쪽.

6) 윌리엄 헌트(William Hunt, 한국명 한위렴, 1869-1953)는 일리노이주 오타와에서 태어나 1894년 레익포레스트대학을 졸업하고 그해 프린스톤 신학교에 입학하였다. 그는 드와이트 무디의 영향을 받아 1897년 프린스톤 신학교를 졸업하자마자 미 북장로교 선교부에 지원하여 선교사로 임명받았고, 그해 10월 한국 파송 선교사로 내한하였다. 그는 평양에 머물면서 황해도 지역을 정기적으로 방문하며 순회전도를 하다가 1906년 재령에 선교지부가 개설되자 재령으로 파송되어 황해도의 교회개척과 발전에 지대한 공헌을 하였다. 1906년 재령선교지부가 개설될 당시, 소래교회를 비롯하여 몇 개에 지나지 않았던 교세는 25주년을 맞이한 1931년에는 황해노회에 소속된 당회가 100여 개에 이르고 40여 명의 목회자들이 활동하는 비약적인 발전을 이룩하였다. 그는 1939년까지 황해도 재령에 거주하며 노방전도와 지방순회 전도활동, 미자립 교회에서의 설교와 사경회 및 성경학교 운영 등을 통해 교회개척과 발전에 박차를 가하여, 재령선교의 아버지라고 불리었다. 박응규, 《한부선 평전》, 34-58쪽.

7) 박응규, 《한부선 평전》, 115-116쪽.

블레어 선교사의 묘지 비석
(캔사스주 샐리나의 깁썸힐 공동묘지 Gypsum Hill Cemetery)

하에 딸 셋과 아들 하나를 두고 있다. 맏딸 로이스(Lois Blair)는 일생동안 남미 콜롬비아에서 독신 선교사로 섬기다 은퇴한 후 선교사 요양원인 '웨스트민스터 가든'에서 여생을 보냈다. 둘째 딸 캐서린은 위에 기술하였고, 셋째 딸 에디트는 조지 매큔 선교사[8]의 아들 샤논 매큔과 결혼하였다. 조지 매큔 박사는 평안북도 선천의 신성중학 교장으로 사역하였고, 1929년부터 1936년까지 숭실중학과 숭실전문의 교장을 역임하였다. 매큔 박사는 일제의 신사참배 강요에 맞서 이를 거부하다가 1936년 일제에 의해 강제로 추방되었다. 샤논 매큔은 미국의 우스트 대학과 시라큐스 대학을 졸업한 뒤, 미국 플로리다 주립대학의 교수로 재직하였다. 그는 대학을 졸업한 뒤 한국에 귀국

---

8) 조지 샤논 매큔(George Shannon McCune, 윤산온 尹山溫, 1873-1941)은 미국장로교 파송 교육선교사로 1905년 9월에 평양에 왔다가 1936년 3월 한국을 떠났다. 그는 만학으로 1901년 파크대학을 졸업하였고, 1903년 피츠버그 대학원에서 문학석사학위를 취득. 미주리주 대학에서 신학을 전공하였다. 1904년 6월 14일 헬렌 베일리 매카피(Helen Bailly Mcafee)와 결혼하였고, 1904년-1905년 Coe College의 교장을 역임하였다. 1905년 5월에 시더레티스 장로교회에서 목사 안수 후 부인과 함께 한국선교사로 파송되어, 9월 평양에 도착하였다. 윌리엄 베어드 등과 함께 평양 인근지역 교회를 돌보는 일과 숭실학교 및 숭실대학 교수진에 합류하였다. 1909년부터 1921년까지는 신성중학교 교장으로 기독교적 인재 양성에 힘쓰면서 한국인과 애환을 함께 하다가 추방형의 출국을 당하였고, 1928년에 다시 숭실대학의 교장으로 초빙되어 대학 교육의 중흥의 기반을 쌓아 나가다가 일제의 신사참배를 거부하여 1936년 교장직에서 해임되었고 추방을 당하였다. 곽신환, 《George Shannon McCune, 윤산온(尹山溫)(1873-1941)》, 숭실대학교 출판국, 2017, 8쪽.

하여 블레어 선교사와 함께 평북지방에 선교여행을 동행하여 블레어 선교사의 순회선교사역을 현장에서 생생하게 기록하기도 하였다.[9] 외아들 에크는 뉴욕에 있는 재봉틀회사 '싱거'에 근무하였다. 블레어의 자녀들은 한경직과 가족처럼 가깝게 지내서 한경직이 은퇴한 후에도 서로 연락하며 왕래하였다고 한다.[10]

블레어의 동생 헐버트 블레어(Herbert E. Blair, 방혜법 方惠法, 1879-1945)는 형 윌리엄 블레어가 내한한 지 2년 뒤인 1903년에 미국 북장로회 선교사로 내한하여 처음에는 평양지부에서 사역하다가 강계 지역의 개척선교사로 파송을 받고 이 지역을 부흥시켜 독립노회로 발전시켰고, 1940년에는 조선교회연합회 의장으로 선임되어 조선기독교의 대표로 헌신하였는데 1938년 이후에는 신사참배문제로 일제의 극심한 박해를 받았다. 그는 1941년 조선교회연합회 의장으로 "세계여성기도일 사건"을 주관하다가 일제에 의해 강제로 추방되어 바로 한국을 떠났지만 미국행 선편을 탑승하지 못해 1942년 11월 필리핀에 갔다가 일제의 진주만 공격으로 미국과의 왕래가 막히면서 일제의 포로가 되어 필리핀 로스 바노스 수용소에 수용되었고, 영양실조로 인해 베리베리병에 걸려 1945년 2월 20일 수용소에서 사망하였다.[11]

미국 북장로회 선교사들은 초창기 서울, 평안도, 황해도, 경상도에 선교지부가 있었고 부산과 대구를 중심으로 선교활동을 전개하였다. 부산 경남지역에서는 호주선교사들이 선교지 이양 요청을 해 옴에 따라 일부 지역을

---

9) 샤논 보이드 매큔의 문장은 블레어 선교사의 순회사역을 직접 동행하여 기술한 것으로, 블레어의 선교사역을 직접 살펴볼 수 있는 소중한 순회사역 기록이기에 이 책의 부록【2】로 전편을 수록하였다. 그는 1970년대에 숭실대학에서 교수로 재직하였고 부친 조지 매큔의 선교사역에 대한 논문을 발표하기도 하였다. 샤논 매큔, The Testing of a Missionary: George Shannon McCune and The korea Conspiracy Case of 1910-1913, 《숭전대학교 인문사회과학논문집》 2-7집 1편, 1977년, p.265-267.

10) 한경직, 《한경직 구술자서전 나의 감사》, 두란노, 2010년, 99쪽.

11) 《정금 같은 신앙 *Gold in Korea*》, 135-136쪽.

양도하고 1913년에 부산에서 완전히 철수하기까지 23년간 부산 경남지역에서 활동하였다. 1891년에는 사무엘 마펫[12]에 의해 평양에 선교지부가 설립되었는데, 이곳은 그 후 북장로회 선교부의 주요 활동지역이 되었다.[13] 19세기 말 조선 서북부는 청일전쟁으로 인해 기독교 신자들이 흩어지게 되었고 전쟁이 끝나고 다시 모여든 신자들은 그리스도 공동체를 형성하기 시작하였는데, 전쟁으로 인해 고아와 난민들이 많았기 때문에 그들을 돌 볼 선교사역자가 절대적으로 부족하였다. 그래서 평양선교지부에서는 부족한 인원을 충원하기 위해 미국 북장로회 선교본부에 선교사 파송을 요청하였다. 이때에 평양에서 선교하던 윌리엄 스왈른 선교사[14]가 미국에 가서 강연을 통해 한국선교에 지원할 것을 신학생들에게 호소하였다. 블레어는 맥코믹 신학교에서 스왈른의 강연을 들었지만 선교사역에는 별로 관심이 없었다. 그는 언어 준비가 되어 있지 않았다는 핑계로 선교 지원에 대한 요청을 무시해

---

12) 사무엘 마펫(Samuel Austin Moffet, 마포삼열 馬布三悅, 1864-1939) 미국 인디애나주 매디슨 출생. 1884년 하노버 대학 졸업, 1889년 맥코믹 신학교 졸업. 1890년 내한하여 서울에서 활동하다가 1893년부터 평양에서 선교활동 종사. 1901년 평양 장로회신학교를 설립하고 초대교장에 취임. 1918~1928년 숭실중학과 숭실전문학교의 교장을 역임하고 평안도에 많은 학교와 교회를 설립. 1912년 '105인 사건'으로 애국지사들이 투옥되자 매큔, 에비슨 선교사와 함께 이 사건이 날조되었고 비인도적 고문 등이 자행되고 있음을 데라우치 마사타케 총독에게 항의하고 미국의 장로회 본부에 이를 알려 국제여론을 환기시켰다.1936년 미국으로 귀국하여 1939년 미국에서 病死하였다.

13) 남영환, 《한국기독교 교단사》, 서울: 영문, 1995년, 123쪽.

14) 윌리엄 스왈른(William L. Swallen, 소안론 蘇安論, 1859-1954) 미국 오하이오주 출신. 농과대학을 졸업하고 1892년 맥코믹 신학교를 졸업한 뒤, 미북장로회 파송선교사로 1892년 부인과 함께 내한, 서울·평양·원산 등지에서 선교활동을 하였다. 1901년 조선예수교장로회 공의회 초대 회장에 피선되었으며, 사무엘 마펫 등과 함께 평양신학교를 발족하였다. 그는 1907년 평양대부흥회에서 인도자로써 블레어와 길선주 장로 등과 동역하였다. 찬송가 「찬송하는 소리 있어」와 「하늘 가는 밝은 길이」는 그가 작사한 곡이다. 그는 또한 안식년차 미국에 다녀오면서 사과묘목 300개를 가져와 대구선교지부와 평양선교지부에 각각 절반씩 전달하여 재배하게 하였는데, 이것이 대구사과와 황주사과의 유래가 되었다. 그는 안식년에 모교인 맥코믹 신학교를 방문 강연을 하여 한국선교사로 지원할 것을 호소하였고, 블레어를 직접 찾아가서 권유하여 선교사로 내한하게 하였으며, 평양선교지부에서는 교회개척과 순회전도사역에서 블레어와 함께 동역하였다. 리처드 베어드 저/숭실대학교 뿌리찾기위원회 역주, 《윌리엄 베어드 William M. Baird》, 숭실대학교 출판국, 2016년, 436쪽.

버렸다. 그런데 그날 밤 뜻밖에도 스왈른 선교사의 방문을 받게 되었다. 스왈른은 블레어의 숙소에 찾아와 "블레어, 한국에 가보지 않겠나? 자네는 우리가 얼마나 자네를 필요로 하는지 모를거야!"라고 직접 요청하였다.[15] 당시 조선의 상황은 청일전쟁으로 말미암아 마치 《사도행전》에서 야고보가 목 베임을 당하고 스데반이 순교하여 예루살렘교회에 큰 박해가 일어난 것과 같은 절박한 상황이었다. 하지만 블레어는 언어능력이 부족하다는 핑계를 대고 그의 요청을 거절해버렸다. 스왈른은 대학시절 히브리어 강좌를 수강할 때에 낙제한 경험을 들려주며 하나님께서 언어능력을 극복할 수 있는 용기를 주었고 하나님의 은혜로 한국어를 잘 습득할 수 있었다는 스왈른의 고백을 듣고 선교사로 지원할 결심을 하게 되었다.[16]

이렇게 스왈른의 요청으로 한국선교사로 가기로 결심했을 때에 블레어는 맥코믹 신학교 4학년이었다. 하지만 해외선교사로 가는 일은 그가 혼자서 결정할 수는 없었으니, 그에게는 평생을 함께 하기로 약속한 약혼자 에디트 알렌(Edith Allen)이 있었기 때문이었다. 그녀는 캔자스에 살고 있었는데, 그녀에게 선교사로 지원하고 싶다는 편지를 보낸 후, 초조하게 답장을 기다리고 있었다. 알렌은 한국선교에 헌신할 것을 기뻐한다는 회신을 주었고 블레어는 더 이상 회피할 수 없는 소명을 받게 되었다. 블레어는 그해 5월에 졸업을 하고 6월에 결혼한 뒤 한국 선교를 위해 내한하였다. 한국선교사로 부름을 받았을 때의 심경을 블레어는 "징병 당한 병사"와 같았다고 고백하였다.[17]

한국 선교를 위해 파송 받은 6인의 미국 북장로회 선교사 밀러, 바레트, 마티 헨리, 마리 바레트, 블레어 부부는 1901년 8월 일본선박 아메리카 마루호를 타고 한국으로 출항하였는데, 일본 요코하마와 고베를 거쳐 시모노세키

---

15) 윌리엄 블레어·브루스 헌트 저/김태곤 역, 《한국의 오순절과 그 후의 박해》, 생명의 말씀사, 1995년, 46-47쪽.

16) 《한국의 오순절과 그 후의 박해》, 47쪽.

17) 각주14)와 같음.

항에서 조선으로 가는 삼판선으로 갈아타고 그해 9월 부산에 도착하였다. 9월 10일 부산에서는 미국장로회 개척선교사인 사이드보담(Richard Sidebotham, 1874-1908) 목사의 영접을 받았는데, 그들을 반기는 사람은 오직 선교사뿐이었다. 이것은 그들에게 한국인들이 서양인들을 매우 싫어한다는 첫 인상을 심어주었다. 블레어는 다음날 목포에 가서 오웬(C. C. Owen) 박사를 만났고 한국에서 처음으로 서양식 주택을 보게 되었다. 당시 목포는 미국 남장로회의 선교 거점이었다. 오웬 박사는 블레어 일행을 만났을 때, 전라도 사투리로 인사를 하였다. 선교사 일행을 영접한 뒤 가진 기도회가 끝났을 때, 한 여인이 다가와 알아들을 수 없는 말로 블레어의 귓가에 소곤소곤 말해 주었는데, 이 일로 블레어는 선교지에서 느꼈던 현지인들에 대한 거부감과 두려움을 일시에 날려버릴 수 있었다.[18] 이러한 첫 인상을 갖게 된 것은 한국 선교에 대한 열정과 용기를 갖게 하신 성령의 인도하심과 섭리 때문이었다. 블레어 일행은 서울을 거쳐 평양에 도착하였다. 블레어에게 한국선교를 위한 중요한 과제는 언어 습득이었다. 한국어를 구사하려면 어휘와 어미 변화 그리고 단어와의 조화를 알아야 하기 때문에 한국어 학습은 그에게는 커다란 난제였다. 그러나 그는 각고의 노력 끝에 2년 여 만에 한국어로 의사 소통을 할 수 있게 되었고 서북지역에서 복음전도자로 교회설립자로 왕성하게 활동할 수 있게 되었다.[19] 그리고 그는 한국어 구사능력을 가지고 교계의 지도자와 목회자를 양성하는 신학교와 숭실대학에서 교편을 잡을 수 있었다.

18) 《한국의 오순절과 그 후의 박해》, 27쪽.

19) 박응규, 《한부선 평전》, 117-122쪽.

3장

블레어의 선교정책과 교회개척사역

제3장 블레어의 선교정책과 교회개척사역

제1절 블레어와 네비우스 선교정책

당시 한국교회는 네비우스(Nevius) 선교정책에 기초하여 전도활동을 활발하게 전개하였다. 블레어는 이 선교방법을 적극적으로 수용하여 목회현장에 철저하게 적용한 사역자였다.[1] 그는 네비우스 선교원리에 따라 조직적인 성경공부반과 각종 성경학교들이 한국교회에 정착하는 것을 돕는 역할을 하였다. 또한 성경공부를 하기 위한 사경회를 활발하게 개최하였다. 이런 성경공부 중심의 사경회가 결국 한국에 오순절의 성령 임재를 경험하도록 하였다고 블레어는 후에 고백하였다.

1909년 사무엘 마펫은 한국선교 25주년 기념식 강연에서 1906년 평양중앙교회(장대현교회)에서 행한 길선주 장로[2]의 설교 중 한 부분을 인용하여 끝을 맺었다. "우리는 예수 그리스도를 통한 구원의 길을 중국인들에게 증거하기 위하여 미국선교사들이 본을 보인 것처럼 선교사를 파송할 것이다."[3] 그의 언급으로부터 길선주를 비롯한 초기 한국교회 지도자들이 미국선교사들로부터 어떤 영향을 받았는지를 추측할 수 있게 해 준다. 이런 영향관

---

1) 박응규, 《한부선 평전》, 26쪽.

2) 길선주(吉善宙, 1869-1935) 號는 靈溪, 평북 安州 출생. 어려서부터 漢學을 배우고 仙道를 닦았으며 한의학도 배웠다. 1897년 김종섭 전도사의 전도로 세례를 받고 입교.1901년 평양 장대현 교회 장로 장립. 1901년 장대현 교회와 평안남도와 황해도 각지 교회의 助事로 시무. 1907년 평양예수교장로회 신학교 제1회 졸업. 동년 9월 한국인 최초로 목사 장립(최초 7인의 목사 중 1인). 동년 10월 장대현 교회의 전임목사로 피임. 동년 조선장로회 전도국장으로 임명. 1919년 3·1운동 민족 33인 대표. 1936년 11월 平西老會 부흥회 인도하다 뇌일혈로 졸도 사망. 그는 2만 번 이상의 설교를 하고 3천명에게 세례를 주었다. 1906년 처음으로 새벽기도회를 시작하였고 60여 곳에 교회를 설립하고 양성한 사역자가 800 여명에 달했다. 길진경, 《靈溪 吉善宙》, 종로서적, 1980년, 325-326,385-386쪽 참조.

3) *Quarto Centennial Papers*, p.29.

계에 대해 보수적 칼빈주의 신학사상의 영향을 받은 초기 장로교선교사들이 내한하여 어떤 선교방법을 통해 선교사역을 수행했는지 살펴보고자 한다. 초기 장로교선교사들의 선교방법은 크게 두 가지를 들 수 있다. 첫째는 네비우스 선교정책을 적용한 선교사역이고 두 번째는 「장로회공의회」를 통한 연합사역이다.

초기 장로교선교사들이 한국에 입국하여 최초로 사용했던 선교방법은 지극히 단순하였다. 순회전도와 성경공부를 통해 직접적으로 선교사역을 하는 것과 학교와 병원을 설립하여 교육 의료사업을 통해 간접적으로 선교사역에 종사하는 것이다.[4] 미북장로교 선교부는 언더우드 선교사(Horace. G. Underwood, 元杜尤, 1859-1916)를 중심으로 전도사역, 의료사역, 교육사역 및 여성사역이 전개되었다. 그중에서도 초기 장로교선교사들의 가장 특징적인 전도방법은 순회전도(Itineration)라고 할 수 있다.[5] 순회전도는 초기 장로교선교사들에게 있어서 가장 중요한 전도방법이었는데, 이런 단순한 선교방법을 사용한 이유 중의 하나는 미국 북장로교 총회 백주년기념식에서 해외선교를 회고하면서 순회전도를 중요한 방법론으로 제시하였기 때문이다.[6]

순회전도사역에 있어서 무엇보다도 중요한 사역은 초신자들을 위한 성경훈련반을 운영하는 것이었다. 사무엘 마펫은 성경훈련반을 이렇게 설명하였

---

4) 민경배, 《한국기독교회사》, 대한기독교출판사, 1987년, 229-248쪽; 이만열, 《한국기독교문화운동사》, 대한기독교출판사, 1987년, 44-80쪽.

5) Henry A. Rhodes ed., *History of the Korea Mission,* p.84. 초기 선교사들은 전도여행시 조랑말을 이용하든지 아니면 걸어서 이동하였다. 선교사들이 입국한 후 20년 동안은 철도가 없었다. 1896년 조선에는 자전거 14대가 있을 뿐이라서 선교사들은 대부분 도보로 장거리여행을 하면서 복음을 전해야만 했다. 순회전도를 할 때는 소책자와 쪽복음을 전달하면서 전도하였다. 조경현, 《초기 한국장로교 신학사상》, 167-168쪽.

6) 백주년기념 선교부 보고서에는 순회전도에 대해 이렇게 언급하였다. "우리 선교부의 방법은 단순하고 솔직하다고 믿는다. 즉 선교사역을 위해 성경의 권위와 장로교회의 정치와의 조화를 이루는 방법이다." *Centennial Celebration of the General Assembly of the Presbyterian Church*, "A Historical Sketch of the Board of Foreign Missions", Philadelphia, (May, 1888), p.11. 조경현, 전게서, 169쪽.

다. "성경연구 및 성경훈련반을 설립하는 것은 한국교회의 발전에 있어 가장 독특하고 가장 중요한 요소이다."[7] 성경훈련반은 바로 초신자들의 영적 성숙을 위함이고, 이런 초신자들의 성경훈련은 한국교회 발전의 초석이 되었다. 이 성경반은 언더우드 집안의 사랑방에서 시작되었으며, 성경반이 발전하여 "성경훈련반"이 되었다. 브루스 헌트는 이에 대해 다음과 같이 평가하였다. "전체 교회, 교회의 신자들, 젊은이와 노인 그리고 배운 자와 배우지 못한 자를 위한 교육은 조직적으로 이루어져야 하며 훈련반에 의해 확대되어야 하는데, 그 교과서는 바로《성경》이다."[8] 이와 같이 선교부는 철저하게 성경 중심의 교육사역을 하였다. 초기선교사들은 순회전도를 통해 여러 가지 방법으로 복음을 전하였고 새로 결신한 신자들을 성경훈련반에 입학시켜 학생들에게《성경》을 가르쳤다.

선교초기 선교사역에 있어서 선교사들은 교육사업에 대해서 아직 미온적이었다. 왜냐하면 선교정책의 중심이 교육이 아닌 "전도"에 있었기 때문에 초기 장로교선교사들에게는 교육사업이 사역의 우선 순위에 있지는 않았다. 왜냐하면 교육사업은 전도와 교회를 세우는 것보다 상대적으로 덜 중요했고 그런 정책을 선교부가 기본방향으로 세웠기 때문이다. 하지만 교인들을 계몽하고 좀 더 수준 높은 지도자를 양성하기 위해서 교육기관을 세워 일반교육과 함께 기독교 교육을 실시하기 시작하였다. 그러나 적어도 교육사역은 복음전도사역보다 하위에 있었던 것은 사실이었다. 초기 장로교선교사들의 이런 선교정책은 복음 전도를 중심으로 하고 있음을 확연히 드러내 주었다. 그들은 선교정책의 우선순위를 잊지 않고, 먼저 전도하여 신자를 얻으면《성경》을 가르치고 교회를 세웠으며, 그 다음으로 교육을 통해 사람들을 계몽하는 선교정책을 펴나갔다.

---

7) *Quarto Centennial Papers*, p.17-18.

8) *Quarto Centennial Papers*, p.18.

의료사역 역시 복음을 간접적으로 전할 수 있는 효과적인 선교수단이다. 쇄국정책에 의해 외국에 닫혀 있던 조선 선교의 문은 의료선교사 호레이스 알렌(Horace N. Allen, 安連, 1858-1932)에 의해 열렸다. 1884년 중국 난징(南京)에 있던 알렌은 미북장로교 선교부의 요청으로 9월 제물포를 거쳐 내한하였는데, 갑신정변으로 부상을 입은 대신 민영익을 치료해 줌으로 조정의 신임을 얻어 광혜원을 설립하게 되었고, 이곳에서 많은 환자들을 치료해 주어 한국인들의 존경과 사랑을 받게 되었다. 이를 계기로 선교 초기에 의료사역은 한국인의 마음을 여는데 매우 중요한 역할을 담당하였다. 하지만 미북장로교의 의료사역 역시 복음전도사역을 위한 보조적 간접사역이었다. 한국 초기 선교사역방법은 크게 순회전도 및 성경공부, 교육사역, 의료사역으로 나눌 수 있는데, 장로교선교사들은 전도사역 및 성경공부를 선교사역의 우선순위에 두었고, 교육과 의료사역은 간접적인 사역으로 간주하였다. 한국선교 초기에는 주로 순회전도를 중심으로 사역이 진행되었다.

제2절 초기 한국교회와 네비우스 선교정책

초기 한국선교사역은 5년이 지난 후부터 결실이 나타나기 시작하였다. 한국에서 일어난 놀라운 복음의 수용양상이 미북장로교 선교부에 보고되었고, 그 결과 선교사들이 한국에 입국하기 시작하였다. 언더우드는 1890년 5년이 지난 한국에서의 선교 가능성에 대해 다음과 같이 평가하였다.

> 제1기의 끝 무렵에 해당되는 1890년 조선 전역에는 두 교단(장로교와 감리교)을 모두 합하여 100명이 넘는 회심자들이 있었다. 이 처음 5년간의 선교를 다른 나라에서의 선교 초기와 비교해 볼 때 이곳에서의 사역이 앞으로 얼마나 진보될 것인가와 조선인들은 반종교적인 사람들이라기보다는 오히려 종교가 없

는 사람들이라는 사실을 알 수 있다.[9)]

언더우드는 한국에서 기독교의 전도사역이 빠르게 성장할 것임을 예견하고서 미국에 선교사의 파송을 요청하는 서신을 보냈다. "복음의 씨앗이 뿌려지는 곳마다 뿌리가 내려지고 열매를 거두게 됩니다. 만일 우리가 그 씨앗을 뿌리는 일꾼들만 얻는다면, 이제 곧 이 땅은 예수 그리스도가 승리할 것입니다. 복음의 토양은 하나님의 영으로 준비되었고, 씨앗을 뿌릴 준비가 되었습니다. 우리는 앞으로 수확의 기쁨을 누리게 될 것입니다."[10)] 당시에 호주의 빅토리아 장로교회, 미국 남장로회 선교부, 캐나다 장로회 선교부에서도 조선에 본격적으로 선교사를 파송하기 시작하여 한국선교는 본격적인 궤도에 오르게 되었다. 당시 초기선교사들의 선교활동에 대하여 김양선 박사는 다음과 같이 평가하였다.

> (초기 선교사들은) 오직 복음만을 증거하기로 다짐하였다. 그러나 아직 복음을 직접적으로 전하기가 힘든 상황이므로 의료사업, 교육사업 그리고 자선사업을 통해 선교를 할 수 밖에 없는 상황이었다.[11)]

이러한 상황에서 조선에 주재하는 젊은 외국인 선교사들은 한국에서 보다 효과적인 선교를 하기 위해 어떤 전략적인 논의가 필요하다고 인식하게 되었다. 당시 7인의 젊은 재한선교사들은 언더우드를 중심으로 의견을 모아 중국 山東省에서 선교사역을 하고 있던 존 네비우스 선교사[12)] 부부를 1890

---

9) H. G. Underwood, *The Call of Korea,* 한동수 역, 《와서 우릴 도우라》, 155-156쪽.

10) H. G. Underwood, "Stirring statement and appeal", *MRW*(June, 1889), p. 457-458.

11) 김양선, 〈한국 선교 80년사〉, 《기독교사상》, 1965.4, 10쪽.

12) 존 네비우스(John Livingstone Nevius, 倪維思, 1829-1893): 청대 말기의 미국북장로회 소속 선교사로 1854년 중국에 왔다. 1861년 등주(登州) 일대에서 선교활동을 하다가 다음 해에 山東에 여학교를 세웠다. 1871년 연태(煙台) 일대에 선교활동을 하면서 시범농장을 만들어

년 6월 7일 서울로 초청하였다. 네비우스 선교사는 재한선교사들과 약 2주를 머물면서 1885년 《차이니스 레코더 Chinese Recorder》에 발표된 일련의 문장들을 공부하였다. 이때에 내한선교사 언더우드는 31세였고, 몇 달 전에 내한한 사무엘 마펫은 26세의 젊은이였는데 네비우스 목사는 당시에 61세의 노장이었다. 네비우스 선교사의 강연에 대해 후에 사무엘 마펫 목사는 다음과 같이 소감을 피력하였다.

> 나는 그가 1890년에 방문했던 것으로 기억합니다. 그는 25년간의 경험을 우리 젊은 선교사들과 함께 이야기했으며, 우리의 마음속에 중요한 사고의 씨앗을 심어주었습니다. 여기서 나는 대화와 "선교사역의 방법"이란 책을 통해 한국선교는 측량할 수 없는 유익을 얻었습니다. 물론 이 방법을 발전시키면서 지역저인 조건으로 인해 그리고 이 원리를 상이한 환경에 적용시키는데 발생되는 무제로 많은 수정이 있었지만 말입니다.[13]

네비우스 박사의 내한 1년 후인 1891년에 한국선교회는 첫 연례회의에서 선교현장의 많은 난국을 타개하기 위해 일련의 규범과 세칙을 채택하였다. 주도적인 역할을 했던 언더우드를 비롯한 선교사들은 기도하면서 논의한 결과 1895년 선교사 연례회의에서 네비우스 선교방법(The Nevius Plan)을 채택하기로 결정하였다.[14] 1891년 미국 북장로회 선교부 소속 선교사들은 자신들이 확신한 네비우스 선교정책을 보다 효과적으로 실행하고 후배 선교사들

미국의 사과와 배, 포도, 매실나무를 심고 재배기술을 가르쳤다. 더불어 미국과 중국의 품종을 교배하여 신품종의 사과를 출하하였다. 그는 自立, 自傳, 自治의 선교정책을 주창하였다. *China and the Chinese*, Philadelphia: Presbyterian Board of Publication, 1882, p.354.

13) *Quarto Centennial Papers*, p.18.

14) D. L. Gifford, "Annual Meeting of the Presbyterian Mission, North", *The Korean Repository* (December, 1895), p.444.

에게 교육시키기 위해서 하나의 규칙을 통과시켰다.[15] 그 후 한국에 새로 입국하는 미국 북장로회 선교부의 신임선교사들은 〈네비우스 선교사역의 방법론〉을 공부하도록 하였는데 부임한 첫 해의 연말에는 언어시험뿐만 아니라 이 선교원리를 완전히 터득해야만 하였다. 로버트 스피어(Robert E. Speer) 선교사는 네비우스 선교방법론이 한국의 선교정책에 기초가 되었다고 생각하며 아주 긍정적인 평가를 하였다.

> 선교사들이 그들의 사역 가운데 추구했던 방법론이 매우 현명하게 보인다. 나는 그들(초기선교사들)이 폭넓은 차원에서 사역을 처음부터 진지하게 추구했던 것 같이 그들의 사역 기반을 세울 수 있는 올바른 원리를 세웠다고 믿는다.[16]

이렇게 채택된 네비우스 선교정책은 그 후 계속적으로 실행되어 한국의 선교사역에 상당한 영향을 미쳤다. 윌리엄 베어드는 "그의 사상은 우리 선교사업 초창기에 있어 선교사업의 원칙과 방법을 채택하는데 많은 영향력을 끼쳤다. 만일 선교사들이 그 방안을 충실하고 경건하게 합심하여 실천하면 그들의 사업은 반드시 성공할 것이라고 믿는다."[17]고 말하였다. 그 결과 한국선교 초기의 50년 동안 네비우스 선교방법은 기독교 선교사역의 중요한 선교정책으로 자리 잡게 되었다.[18] 사무엘 마펫과 제임스 아담슨(James E. Adams, 안의와 安義窩, 1867-1929)은 미국선교본부에 보낸 보고서에서 한국에서

---

15) 곽안련(C. A. Clark) 저/박용규 김춘섭 역, 《한국선교와 네비우스 선교정책》, 1994년, 99-108쪽.

16) 각주 14)와 같음.

17) W. M. Baird, Our Mission in Korea, *Woman and Missions*(Feb., 1927), p.406.

18) 톰프슨 브라운(G. Thompson Brown) 선교사는 "Why has Christian grown faster in Korea than China" (*Missiology: An International Review* Vol.22 No.1, 1990, p.79)에서 이런 사실을 증언하였다.

기독교가 폭발적으로 성장한 요인에 대해 언급할 때에 재한선교사들이 네비우스 선교정책에 대해 일관되고 확고부동하며 거의 일치된 실행의사를 가지고 있었기 때문이라고 말하였다. "한국에서 이토록 성공적일 수 있는 것은 무엇보다도 네비우스 선교정책을 통한 한국교회의 열렬한 전도 특성이 있었기 때문이다."[19]

네비우스박사는 1885년 중국 상하이에서 발행된《차이니스 레코더 Chinese Recorder》에 자신의 선교정책을 연재 발표하였다. 1886년 이 글들은《선교사역의 방법 Method of Mission Work》이란 책으로 출간되었다. 1899년 이 책은 미국 선교본부에서《선교지 교회의 개척과 발전 Planting and Development of Missionary Churches》이란 제명으로 중판되었다.[20] 네비우스 선교정책의 외형상 핵심 내용은 세 가지 自立(Self-Support), 自治(Self-Government), 自傳(Self-Propagation)이다. 그러나 네비우스가 한국에서 강의한 내용은 대략 10가지로 요약된다.

(1) 선교사가 개인적으로 널리 순회하며 전도한다.

(2) 사역의 모든 분야에서《성경》이 중심이 된다.

(3) 自傳이란 모든 신자가 다른 사람을 가르치는 자가 되며, 동시에 자기보다 나은 다른 사람들로부터 배우는 자가 되게 하는 것이다.

(4) 自治란 모든 그룹은 선임된 무보수 영수의 관할을 받는 것을 말한다. 순회교구들은 나중에 목사가 될 유급 조사들의 관할을 받는다. 순회집회 시에는 교인들을 훈련시켜 훗날 구역, 지방, 전국의 지도자가 되게 한다.

(5) 自立이란 信者들이 스스로 마련한 예배당을 소유하는 것을 말한다. 각

19) Moffett and Adams, 1914.3.14.

20)《한국선교와 네비우스 선교정책》, 24쪽.

그룹은 창립하자마자 순회 조사의 봉급을 지불하기 시작한다. 학교조차도 부분적인 보조금을 받도록 한다. 개 교회의 목사에게 주는 사례는 외국의 자금으로 지불하지 않는다.

(6) 모든 신자는 그룹 영수와 순회조사 아래에서 조직적으로 《성경》을 공부한다.

(7) 성경적 형벌을 통해 엄격한 징계를 실시한다.

(8) 다른 선교단체와 협력하고 연합한다.

(9) 법정 소송사건이나 그와 유사한 문제에 대해 간섭하지 않는다.

(10) 민중의 경제문제에서 가능할 경우 일반적인 도움을 준다.[21)]

네비우스 선교정책을 분석적으로 요약해 보면 다음과 같다. 첫째, 모든 선교정책에 있어서 핵심은 《성경》이다. 네비우스 선교정책의 전문가 찰스 클락 박사는 그의 저서에서 이 정책의 핵심 내용을 이렇게 설명하였다.

> 네비우스 정책에서 가장 잘 알려져 있고 가장 많이 언급되는 항목은 自立(경제적 자립), 自傳(자력 전도), 自治이다. 이러한 것이 확보될 수 있을 경우 어떤 현장에서든 놀라운 진보가 있으리라는 것은 확실하다. 그러나 필자는 이 세 가지 요소 전부에 동력을 공급하는 또 하나의 네비우스 방식이 그들의 배후에 있다고 믿게 되었다. 그것은 다름 아니라 '《성경》 强調政策'이다.[22)]

다시 말하면 네비우스 선교정책은 《성경》을 기초로 하여 실행되었다는 것이다. 둘째, 초기 장로교선교사들이 수행했던 순회전도는 네비우스 선교정책에서 가장 우선순위에 두었다. 이는 傳道 없는 선교정책은 무의미하다는

---

21) 《한국선교와 네비우스 선교정책》, 44-45쪽.

22) 《한국선교와 네비우스 선교정책》, 320쪽.

것이다. 셋째, 성경공부의 중요성을 매우 강조하였다. 일단 전도를 통해 신자가 되면 조직적인 성경공부에 참여해야 한다. 교회의 지도자 역시 《성경》을 공부해야만 한다. 넷째, 서로 연합하는 정신을 강조하였다. 이는 초교파적 연합사역을 가능케 한 항목이다.

그러나 이런 정책 이외에 다음과 같은 방침을 새롭게 보충하였다. 전도 대상은 상류층이 아닌 노동계급에 둘 것, 부녀자와 청소년 교육을 중요시 할 것, 기독교 교육의 효과를 높이고 미래의 교역자 양성을 위해 각 군마다 초등학교를 설립 운영할 것, 《성경》을 조속히 한글로 번역할 것, 모든 문서 사업은 순 한글로 표기 사용할 것, 의료선교사들의 투철한 선교정신을 배워서 발휘할 것 등이다.[23] 한국선교 초기의 재한선교사들은 효과적인 선교사역을 위해 네비우스 선교정책을 채택하여 매우 성공적으로 교회를 개척 발전시켜 나갔으며, 한국의 선교환경에 맞도록 기존의 방법을 수정 응용하거나 새로운 방법을 가미하여 한국적인 선교정책을 수립하게 되었다. 여기서는 네비우스 선교정책에서 강조하는 성경공부는 한국 근대에 학교 교육의 효시가 되었고, 이 학교 교육이 바로 교회의 기독교 교육에서 비롯되었음을 상기할 필요가 있겠다.

1912년이 되자 한국에서의 기독교 선교는 대단한 성공을 거두었다. 다른 나라의 선교부에서 50년 혹은 100년에 걸친 선교사역에서 거둘 성과를 한국에서는 30년이 되지 않아 이루게 되었으니 10만 명의 교인을 가진 자치적인 교회 조직을 갖게 된 것이다. 아담스 박사는 1912년의 한국교회에 대해 다음과 같은 평가를 내리고 있다.

> 시작해서 30년 이내에 10만 명의 교인들이 교회에 다니게 되었고, 노회와 총회 조직을 갖춘 자치적인 교회로 성장하였다. 교회는 특히 자립적이다. 우

---

23) C. C. Vinton, "Presbyterian Mission Work in Korea", *The Missionary Review of the World*, 1893.9, p.671.

리 장로교 해외선교부 산하에 있는 모두 27개의 선교부에서 목사의 24페센트, 교회의 33퍼센트, 세례 교인의 34퍼센트, 자립한 교회의 83퍼센트가 한국선교부에 소속되어 있다. 반면에 선교사들은 10퍼센트, 재정은 8퍼센트를 이 나라에 쓰고 있었다.[24)]

이러한 한국 선교의 성공은 특히 교육분야에서 두드러지게 나타났다. 1897년 8월 말에 열린 기독교 선교사 정기연례회의에는 미국 장로회 선교본부의 총무로 있는 로버트 스피어 박사(Dr. Robert Speer)가 초청 인사로 참석하였는데, 이 회의에서 윌리엄 베어드[25)]는 〈우리의 교육정책 Our Education Policy)"이라는 논문을 발표하였고, 수년간에 걸친 연구와 토론을 거친 이 정책은 회의에서 정식으로 채택되어 한국 선교부의 교육정책으로 실행되게 되었다. 이 날 낭독된 베어드 박사의 세 가지 교육정책은 다음과 같다.

1) 학교의 첫 번째 정신은 유용한 지식들의 다양한 분야들을 교육하는 것이라는 사실은 학생들로 하여금 다양한 의무와 적극적인 삶에 대한 책임을 다하게 한다.

---

24) James E. Adams, *Presentation of Difficulties which Have Arisen in the Chosen Mission of the Presbyterian Church in the USA*, 1920, p.13.

25) 윌리엄 마틴 베어드(William Martyne Baird, 배위량 裵緯良, 1862-1931): 미국 인디아나주에서 출생하여 1885년 하노버 대학을 졸업하고 1888년 맥코믹 신학교를 졸업한 뒤, 1891년 미북장로회 파송 선교사로 내한하였다. 숭실대학의 설립자이자 근대적 서구 인문학을 한국에 도입한 교육선교사. 그는 초기 5년간 부산, 경남지역에서 선교활동을 하다 1897년 평양지부로 이주하여 동년 10월 2일 숭실학당을 시작하였다. 1905년 9월 미국선교부가 숭실학당에 단과대학 학부과정을 승인하였고, 1908년 5월 숭실대학의 첫 번째 졸업식을 거행하였다. 1903년 하노버 대학에서 철학박사 학위를 받았다. 40년 동안 평양선교지부, 숭실대학, 평양의 교회에서 선교사역에 매진하다 평양에서 소천하여 평양 장산묘지에 묻히다. 그는 《사복음대지》(1912), 《예수행적》(1932) 등 13권의 저서와 《천로지귀》(1893), 《구세진쥬》(1895) 등 9권의 역서 및 수많은 영어한글 논문을 저술 발간하였다. 리처드 베어드 저/숭실대학교 뿌리찾기위원회 역주, 《윌리엄 베어드 William M. Baird》, 숭실대학교 출판국, 2016년, 411-423쪽. 〈베어드의 약력〉과 〈저역서목록〉 참조

2) 종교적이고 영적인 영향력이 학생들에게 생겨나도록 하는 것은 학교의 매우 중요한 역할이다.
3) 기독교 학교(mission school)의 주목적은 토착교회들과 그 지도자들이 자신들의 민족 가운데서 적극적이고 활동적인 기독교 사역을 감당할 만큼 성장시키는데 있다.[26)]

이상적인 기독교 학교는 토착교회의 지도자를 훈련시킨다는 주된 교육목적 아래 세워진다는 것이다. 기독교학교는 대중 속에 있는 그리스도인 학생들을 우선적으로 교육시켜야 하고, 교회의 유년, 청소년들을 대상으로 해야 한다고 주장하였다.

> 이 학생들이 훈련받으면 그들이 비록 농부가 되든지 대장장이가 되든지 의사가 되든지 교사가 되든지 또는 내각의 각료가 되든지 상관없이 모두 복음의 적극적인 전파자가 될 것이다. 선교사 교사들은 최우선적으로 복음전도자들을 양성해내야 한다. 만약 이런 일에 실패한다면, 그는 선교사 교사로서는 실패한 것이고 다만 교육가로서만 성공한 셈이다.[27)]

기독교 학교의 교육목표와 교육대상은 처음부터 명확했으며, 분명하게 교회봉사에 필요한 교회의 자녀들을 교육시키기 위한 것이라는 확실한 교육목표를 가지고 있었으니, 미국 선교본부의 아서 브라운 박사의 1901년 한국방문보고서와 1908년 한국에서 전개된 대대적인 교육기금 조성과 지원자 모집 캠페인에서 일관되게 강조하고 있는 사항이다.[28)]

1909년 브라운 박사는 다음과 같이 말했다. "실제로 한국에 있는 모든 기

26) 리차드 베어드 저/김인수 역, 《배위량박사의 한국선교》, 쿰란출판사, 2004년, 189쪽.
27) 《배위량박사의 한국선교》, 189-190쪽.
28) 《배위량박사의 한국선교》, 191쪽.

독교 그룹에는 초등학교가 있고, 이들 학교에는 10,916명의 학생들이 있다."(1909년 두 번째 방문보고서, p.189) 그렇지만 모든 교회에는 세례 받은 아이들이 단지 3,163명뿐이었다고 하였다. 이 같은 통계는 한국교회가 기독교학교들을 적극적으로 지원해주었고 이 학교들을 비기독교인 학생들과 그들의 가족에게 다가갈 수 있는 중요한 수단으로 생각하였다는 점이다. 이렇게 한국선교는 교회개척사역을 최우선으로 하여, 선교를 통해 교회를 개척하면, 신자들을 성경으로 교육하는데 집중하였고, 교회의 자녀들과 지도자들을 교육하기 위해 기독교 학교를 순차적으로 설립하였다.

윌리엄 베어드 선교사는 자신이 제안한 교육정책을 실행하였는데, 평양에 부임한 지 15년 후에는 평양지역에만 약 100 여개 이상의 초등학교가 생겨났고, 여기에서 약 3,000명 이상의 남녀학생들이 교육을 받았는데 재정적으로는 그 지역의 한국 교회들이 거의 100퍼센트 재정 지원을 해주었다. 베어드가 초등학교와 정규반에서 교육시킨 교사들은 다른 지역에서도 아주 많은 학교에서 학생들을 가르쳤다. 아울러 이러한 초등학교 졸업생들을 위해 기독교 계통의 중등학교가 전국에 연이어 생겨났다.

이제는 한국의 모든 지역에 기독교 계통의 고등학교들이 생겨났는데, 평양에 있는 고등학교가 가장 규모가 크고 시설이 좋았다. 마침내 감리교와 함께 공동으로 운영하는 50명 이상의 학생들이 다니는 기독교연합대학(숭실)이 세워졌다. 근대 선교의 역사에서 그처럼 성장해 가는 교회와 교육제도에 있어서로 활발한 관계를 이루어 상호 의존하고 동시에 서로를 지지하고 강화시켜주는 완벽한 협력관계는 없었다.[29)]

감리교와 연합하기 시작했을 때, 이 기관은 매년(첫 번째 대학부의 졸업생 2명을 배출한 1908년까지) 대학 수준의 새로운 학급을 증설한, 명실상부한 학당이었

29) 《배위량박사의 한국선교》, 237쪽.

다. 그러므로 대학과 학당을 별개로 나눌 수 없었다. 그것은 하나의 기관이었고, 하나의 운영위원회의 지도 아래 많은 독립 학과들로 나뉘어 있었다. 역사, 수학, 자연과학 등 각 학과들은 그때의 필요에 따라서 대학 수준이나 학당 수준의 학급들을 개설했다. 학과장은 상급반을 맡았고, 하급반을 위한 보조교사들과 강사들을 훈련시켰다. 오늘날 이것은 별로 좋지 않은 교육적 관례로 보지만, 그 당시 한국에서는 선택의 여지가 없었다. 이것은 융통성을 최대한 발휘하고, 조직 경비를 최소화 시킬 수 있었다. 1900년 30여 명에서 출발한 학당은 1905년에는 102명, 1910년에는 498명으로 늘어났다. 제2차 세계대전이 발발하기 직전, 학당이 폐교될 당시에는 520명의 학생이 있었다. 대학은 1908년의 학생수를 18명으로 보고했고, 1910년 최초의 졸업생을 배출할 때에는 54명의 학생이 있었다. 1938년 학교가 폐교될 때는 160명의 재학생이 있었다.[30)]

베어드 선교사의 교육정책은 대단히 혁명적이었다. 왜냐하면 한국에서는 네비우스 선교정책에 따라서 교육기관을 선교현장의 여왕의 자리에서 교회의 시녀로 끌어내렸기 때문이었다. 그 당시 이집트, 중동, 인도, 버마를 거쳐 중국과 일본에 이르기까지 커다란 교육기관은 강력한 위세를 가지고 막대한 선교자금과 시간들이 투입되었으며, 그 지역의 비기독교적이고 진보적인 부유한 구성원들로부터 보호받고 있었다. 하지만 교회들은 상대적으로 보잘 것 없고 초라했으며, 뒷골목에 거주하는 가난하고 사회적으로 비천한 사람들이 교인의 대부분을 이루고 있었다. 한국 선교부의 교육정책은 일반적인 상식을 뒤집어 놓는 것이었다. 그 일반적인 상식이란 만일 충분한 시간만 주어진다면 화려한 선교교육기관들이 강력한 토착교회를 만들어 낼 수 있을 것이라는 생각이었다. 그러나 근대 선교역사는 오랜 세월에 걸쳐 막대한 자금이 소요된 거대한 교육기관들이 결코 이름에 걸맞는 토착교회의 발

30) 《배위량박사의 한국선교》, 225-226쪽.

전을 이루지 못했다는 수많은 실례들을 보여주고 있다.

한국에 적용된 이론은 그 반대편에서 시작되었다. 강력한 토착교회가 능동적인 기독교 학교들과 기독교 교육프로그램들을 보장할 수 있는 최고의 가능성과 환경이라는 것이었다.[31] 그리하여 한국선교의 개척기에는 내한선교사들이 네비우스 선교정책에 따라 순회전도사역을 통해 교회개척에 전력투구하였다. 예를 들면 윌리엄 베어드는 1896년 한국 선교부의 교육자문으로 임명되었지만 순회전도는 여전히 그의 주된 임무가 되었다. 1897년 선교부가 그의 교육정책을 채택하고 실행을 위해 그를 평양으로 파송하였지만 계속해서 순회전도를 진행하였다. 1898년 이후 베어드의 보고서에 따르면 그는 순회전도 기간에는 몇 주씩이나 집을 떠나 있었기 때문에 교육사업을 적절하게 감독하기가 불가능하다는 불만으로 가득 차 있었다.[32] 1904년에 숭실학당은 이미 2채의 벽돌건물에서 4년제로 운영되고 있었고 1904년에야 한국 선교부는 베어드 선교사를 최초의 교육전임 선교사로 임명하였다.

1897년 선교부는 세 가지 교육문제에 직면해 있었다. 첫 번째는 기존 교회와 새로 설립된 교회로 몰려드는 남녀 새신자들을 위한 성인교육문제였다. 두 번째는 이미 선교부와 교회에서 전임사역자로 일하고 있던 권서인들, 선교사의 조사들, 전도자들, 학교교사들과 전도부인들에게 보다 수준 높은 교육이 필요하다는 사실이 대두되었다. 비록 이들 중 일부는 당시에 유용한 한문교육을 잘 받은 상태였지만 이들은 비기독교적인 배경에서 벗어난 지 몇 해밖에 되지 않았을 뿐만 아니라, 정규적인 기독교 교육을 받지 못했다. 세 번째는 30여 개 이상의 교회 초등학교를 졸업한 졸업생들을 위한 중등교육

---

31) 《배위량박사의 한국선교》, 192-193쪽.

32) 이 기간 동안에 베어드 선교사는 평양 지부의 서부지역을 책임지고 있었다. 이곳은 평양으로부터 서쪽으로는 황해까지, 남쪽으로는 진남포까지, 북쪽으로는 안주에 이르는 급속하게 교회가 부흥되고 있던 지역이었다. 베어드의 순회선교사역에는 한국인 조사 방기창이 헌신적으로 도움을 주었는데, 그는 1907년 최초로 안수를 받은 7인의 한국인 목사 중의 한 사람이다. 《배위량박사의 한국선교》, 204쪽.

이 필요하다는 의견이 제기되었다.

이 세 가지 문제는 모두 긴급한 것이었고 이에 대한 몇 가지 대안이 제기되었지만 마땅한 해결책이 없이 계속해서 문제는 커져가고 있었다. 미국의 선교본부는 이러한 문제들을 해결하기 위해 추가할 수 있는 선교부의 예산은 없다는 답신을 보내왔다. 절대적으로 필요한 다양한 교육기관을 위해 토지 구입과 건물 건축경비가 없었던 것이다. 이러한 상황 속에서 네비우스 선교방법만이 급속히 확장되는 교회교육의 필요를 충족시킬 수 있는 이상적인 방법이라고 생각하게 되었다. 네비우스 방법은 이미 학급과 기구의 조직을 가지고 있었기 때문에 첫 번째 문제를 해결해 주었다. 이 성인 성경공부반은 지리적으로 광범위하게 흩어져 있던 지역교회에서 수업을 진행하였다. 그렇게 함으로써 교인, 새신자, 지원자들이 가능한 한 많이 참석할 수 있었다. 지역 사정에 따라서 수업기간은 적어도 2일이나 3일, 일주일에서 열흘, 또는 그 이상이 되기도 하였다. 성서 속의 책들이 1년 주기로 반복되어 교수되었다. 성서교육은 《성경》 자체를 배우는 수준 이상의 교육적인 가치가 있었다. 구약시대, 신약시대, 종교개혁 등은 공자시대, 만리장성의 전설, 중국 왕조의 흥망이나 조선 왕조의 역사 등 동양의 연대기에서 널리 알려진 사건들과 비교되었다.

네비우스반은 두 단계로 이루어졌다. 누구나 참석할 수 있는 기초단계와 보다 높은 고등단계가 있었다. 고등단계는 거의 일주일에서 한 달 또는 그 이상 계속되었으며 흩어져 있는 교인 지도자들을 위해서 중심이 되는 지역에 개설되었다. 빈약한 자금사정으로 인해 이미 전담사역자로써 선교부와 교회에서 일하고 있던 사람들이나, 사역을 준비하던 사람들을 위한 세 번째 단계를 개설하자 선교부는 제2, 제3의 교육문제에 직면하게 되었다. 이 단계의 학급들은 전문화되었다. 권서인, 복음 전도자, 안수 받을 목회자를 위한 신학반(theological classes)과 교사 양성을 위한 교사교육반(Normal training classes) 그리고 교회초등학교 졸업생이나 그에 동등한 자격을 가진 소년들을 위한 일반 중등교육 학급이 개설되었다. 이러한 차원 높고도 전문화된 과정은 후에 신학교, 성서학원, 학당, 그리고 캠퍼스와 도서관을 비롯한 교육시설을 갖춘 대학교로 발전하였다. 그러나 이 단계에서는 1~2개월씩 예배당이나 사랑방, 교사와 학생이 함께 모일 수 있는 장소라면 어디서나 모임을 가졌다. 각 프로그램은 교회의 관심과 필요에 따라서 점점 확대되어갔다. 신학반은 1896년 이전부터 시작되었고, 신학교가 설립된 뒤에는 언더우드와 마펫 선교사가 인도해 나갔다. 그리고 베어드 선교사는 평양지역의 네비우스 학급들을 책임지고 있었다. 그러나 아주 급속도로 교회가 성장함에 따라서 이런 과정에 대한 요구가 폭발적으로 늘어났다. 그래서 안수 받은 선교사들은 모두 자신이 사역하는 지역에 개설된 교육과정을 담당하게 되었다. 때문에 블레어 선교사는 자신의 사역지역 안에 있는 네비우스 학급들을 담당하게 되었고, 숭실학당과 평양신학교에서도 시간강사로 가르치게 되었다.

19세기 말 내한한 미국선교사들의 전도활동으로 신자들이 생겨났는데 평양선교지부에서 1894년에 작성한 첫 번째 연례보고서에는 7명의 세례자를 포함한 12명의 신자가 있다고 하였다.[33)] 시작은 미미하였지만 평양지역은 청일전쟁을 겪고 세기가 바뀌는 10여 년의 격동기를 지내면서 폭발적인 성장을 하였다. 성장의 기폭제가 된 것은 바로 1907년 평양대부흥회였는데, 블레어는 이런 성장의 원동력은 아마도 한국인들의 마음 밭이 복음을 수용할 수 있는 옥토로 준비되었기 때문이라고 생각하였다. 그는《정금 같은 신앙 Gold in Korea》에서 "한국의 가장 좋은 '금'은 산속이나 강가의 모래 속에 있는 것이 아니라, 한국사람들의 '마음 속'에 있다"고 고백을 하였다.[34)] 블레어는 서북지역에 와서 한국인의 마음속에 숨겨져 있는 금을 캐내는 선교사역

---

33) 해리 로즈 저/최재건 역,《미국 북장로교 한국 선교회사》, 연세대학교 출판부, 2009년, 156쪽.

34)《정금 같은 신앙 *Gold in Korea*》, 13쪽.

을 시작하였다. 그가 1902년 마펫과 함께 처음으로 안주에 갔는데, 그곳에서 신앙고백을 한 사람은 성 밖에서 주막을 운영하는 김씨 부부 두 사람뿐이었다고 한다.[35] 그는 이후 순회선교사역을 하면서 많은 교회를 개척하였다. 그가 평양에 온 이듬해인 1903년에 평양중앙교회(장대현교회)에서 처음으로 평양시내에 지교회인 남문교회를 세웠는데 사람들이 모여들기 시작했다. 초기에 동문의 예배당에서 모였던 회중이 남문 밖 기와집 건물에서 모이게 되었고 이후 새로운 건축이 시작되어 1906년에 건물이 완공되었는데, 스왈른 부부와 스누크 선교사가 사역을 시작하였고, 최초의 목사는 스왈른과 블레어 선교사가 담당하였다. 1907년에는 600명의 신자들이 등록하였고, 1913년 7월에 이일영목사가 첫 번째 한국인 목사로 부임하였다.

평양의 사창골교회(북부교회)는 1905년 12월 마지막 주일에 처음 집회를 가졌을 때, 출석인원이 100명 미만이었으나, 일 년이 못 되서 인원이 두 배 이상 늘어나 새 건물을 건축하게 되었고, 1907년에는 평균 450명이 출석하였다. 1913년 가을에는 700명의 회중을 수용하기 위해 건물이 네 배로 증축되었다. 현재의 큰 건물은 1924년 2만 5천 달러를 들여 건축되었는데 평양에서 가장 완벽한 예배당으로 인정받고 있다. 블레어 목사가 최초의 목사로 부임하여 1930년대까지 블레어 목사 부부가 협력하며 일하였다.[36]

1897년에는 평안남도에만 20개 이상의 예배처소가 있었으며, 이 선교기지가 관할하는 평안남북도와 황해도의 54개 지역 중의 한 곳을 제외하고는 모든 지역에 복음이 전파되었다. 일 년 후(1898년)에는 선교기지가 관할하는 모든 지역 안에 126개의 집단들, 69개의 교회건물들, 1,050명의 세례인들, 3,440명의 학습교인들이 있었다. 이 큰 선교 현장은 이 기지에 속한 네 명의 안수 받은 선교사들에게 할당되었다. 평안북도는 휘트모어(Whittemore)가, 황

35) 《미국 북장로교 한국 선교회사》, 153쪽.

36) 《미국 북장로교 한국 선교회사》, 153쪽.

해도는 그래함 리(Lee)가, 평안남도의 북부는 사무엘 마펫이, 동쪽과 서쪽 지역은 윌리엄 베어드가 맡았다.

1901년과 1906년에 각각 선천과 재령에 선교지부가 개설된 후에는 평양 선교지부의 시골사역이 다음과 같이 할당되었다. 동부 순회구역은 사무엘 마펫이, 동쪽에 있는 강동구역은 찰스 벤하이젤(Bernheisel)이, 북부 순회구역—안주, 영유, 순안—은 윌리엄 블레어가, 평양 서쪽근교 순회구역은 윌리엄 베어드가, 서부 순회구역은 스왈른이, 평양 남쪽의 정화, 황해도 동부의 황주, 곡산은 그래함 리가, 평양 남쪽 순회구역은 조지 매큔(McCune)이 맡았다. 이후 북쪽으로 멀리 떨어진 덕천이 또 다른 순회구역으로 설정되어 필립스의 책임 아래 있게 되었다. 이 중 서부와 안주 두 곳은 나중에 노회로 발전하였다. 1929년의 조사보고서에 의하면, 한국교회와 선교기지가 복음화를 위해 특별히 감당해야 할 그 지역의 주민이 백만 명 이상에 달했다. 위에서 언급한 사람들 가운데 윌리엄 베어드와 조지 매큔, 사무엘 마펫, 찰스 벤하이젤 선교사는 교육사역에 종사하느라 한동안 인근 시골지역의 전도사역에 파트타임으로만 참여하였다.[37)]

미북장로교 선교부에서 가장 최초로 파송한 선교사는 의료선교사 호레이스 알렌(Horace N. Allen)이다. 그는 1884년 9월 20일 한국에 입국하여 병원을 개설하고 환자를 진료하는 의료선교사역을 시작하였다. 그의 뒤를 이어 언더우드(Horace G. Underwood)가 1885년 4월 5일에, 의료선교사 헤론(J. W. Heron)이 1885년 6월 21일에 내한하였다. 알렌은 서울에서 첫 번째 병원인 광혜원을 세워 의료선교사로 사역하였다. 언더우드는 1886년에 한국에서 선교를 시작하면서 첫 번째 회심자에게 세례를 베풀었고 성만찬을 거행하였다. 그후 1888년 3월 호톤(Lillias Horton)이, 1888년 12월 게일(J. S. Gale)이, 1890

37) 《미국 북장로교 한국 선교회사》, 155쪽.

년 1월 25일 마펫(S. A. Moffett)이 각각 내한하였다.[38] 이들 중 1890년까지 안수받은 목사는 언더우드와 마펫 두 명뿐이었는데, 언더우드는 뉴 브룬스윅(New Brunswick)의 개혁신학교(Reformed Theological Seminary) 출신이고, 마펫은 시카고의 맥코믹 신학교 출신이다. 그후 1900년까지 38명의 선교사가 내한하였는데, 그중에 안수 목사는 16명, 의료선교사는 9명이 입국하였다. 1888년부터 1902년까지 맥코믹 신학교 출신 선교사는 14명이 입국하였다.[39]

1924년까지 평양선교지부의 선교사들은 대부분 맥코믹 신학교(McCormick) 졸업생들이었다. 1827년 존 크로우(John Finley Crowe) 목사는 처음으로 맥코믹 신학교를 설립하였다. 그는 1816년 프린스톤 신학교를 졸업하고 하노버의 장로교회에서 목회하던 중 자신의 집에서 시작한 학교가 맥코믹 신학교의 효시가 되었다. 이 학교는 1829년 하노버 대학으로 합병되었고, 그 후에는 하노버로 명칭이 변경되었다가 1833년 하노버 대학이 신학을 가르치게 되면서 교명을 "인디아나 신학교"라고 불렀다. 그 후 시카고로 이사하여 "뉴알바니 신학교"로 개명하였고, "노스웨스트 신학교"라고도 불리다가 1866년에 "맥코믹 장로회신학교"로 교명이 확정되었다. 1859년 사업가 맥코믹(Cyrus H. McCormick)씨는 이 학교를 통한 사역자 배출의 중요성을 인식하고 엄청난 거금(One hundred thousand dollars)을 기부하였다. 따라서 한국에 내한한 선교사들은 모두 맥코믹 신학교라는 교명으로 졸업한 사람들이다. 한국선교 초기 맥코믹 신학교 출신 선교사는 1888년부터 1902년까지 모두 14명인데 명단은 다음과 같다.

기포드(Daniel L. Gifford)	1888년 졸	마펫(Samuel A. Moffett)	1888년 졸
베어드(William M. Baird)	1888년 졸	그래함 리(Graham Lee)	1892년 졸

38) Harry A. Rhodes, ed., *History of the Korean Mission*, p.625-629.

39) 박용규, 〈한국 장로교의 뿌리〉, 《신학지남》 68권 3집, 가을, 2001, 281쪽.

스왈른(William L. Swallen)	1892년 졸	아담스(James E. Adams)	1894년 졸
모어(S. F. Moore)	1892년 졸	시릴 로스(Cyril Ross)	1897년 졸
벤하이젤(Charles F. Bernheisel)	1900년 졸	블레어(William N. Blair)	1901년 졸
바레트(William M. Barrett)	1901년 졸	피터스(Alex. A. Pieters)	1902년 졸
카알 컨(Carl E. Kearn)	1902년 졸	클락(Charles A. Clark)	1902년 졸[40]

이들 가운데 평양신학교 교수단에 포함된 선교사는 신학, 교회정치를 담당한 사무엘 마펫과 기독교윤리, 신구약 주해를 담당한 윌리엄 스왈른이 있으며, 설교학을 담당한 찰스 클락과 후에 찰스 벤하이젤, 윌리엄 베어드가 교수진으로 참여하였다. 비록 이들이 졸업한 시기는 다소 다르지만 본국에서 이들을 가르친 맥코믹 신학교 교수들의 학풍은 거의 변함이 없었는데, 사무엘 마펫이 졸업했던 1888년 맥코믹 신학교의 교수진들은 보수주의 신학을 견지한 학자가 다수를 차지하였다. 평양을 비롯한 서북지역의 미국선교사들은 맥코믹 신학교 졸업생들이 주류를 형성하였으며, 이들은 순회선교사역이나 기독교 교육사업에서 주도적인 역할을 담당하였고, 특히 윌리엄 블레어는 선교사 1세대인 마펫, 베어드 등 선배들을 이어 20세기 초기부터 기독교 교단의 중추적인 지도자로 부상하였다. 특히 블레어는 교회개척사역과 기독교 선교진흥운동에서 탁월한 역량을 발휘하였다.

블레어의 동생 헐버트(Herbert E. Blair) 목사는 1904년 가을 한국에 선교사로 파송되어 강계를 위해 일하도록 배정되었다. 그는 1906년 봄에 번하이즐 목사와 함께 이 지방을 처음 여행하였고 1909년 강계에 선교기지가 개설될 때까지 혼자서 이 북쪽지방 사역을 감당하였다. 그는 몇 차례 장기여행을 하며 강계 북쪽으로 100마일 떨어진 후창군과 창성군을 함께 방문하였다. 1907년

40) Robert Culver McCaughey, *A Survey of the Literary Output of McCormick Alumni in Chosen*, B. D. Presbyterian Theological Seminary, 1940, p.87. 박용규, 〈한국장로교의 뿌리〉, 281쪽.

에서 1908년 사이 평양대부흥회 시기에 블레어는 동생 헐버트와 함께 강계에 머물면서 겨울사경회를 인도하여 크게 부흥시켰다. 강계읍 교회는 성장하여 교인수가 700명에 이르렀고, 주변 일대를 합해서 2천 명 이상의 교인이 있었다. 사경회 때는 강계 읍내에 새 예배당 건축을 위해 350달러가 약정될 정도로 교세가 급성장하였다.[41] 헐버트 블레어는 급성장한 강계에 새로운 선교지부의 개설을 요청하였고, 선교부에서는 1908년 6월 강계에 선교지부를 개설하였으며 헐버트 블레어 부부와 밀즈(Dr. Mills) 박사 부부가 이 지역의 책임자로 임명되었다.[42] 윌리엄 블레어는 안주에서 헐버트 부부와 밀즈 박사 부부가 처음 선교지부가 개설되는 강계로 이사 가는 일을 도와주며 1910년 5월 1일에 안주에서 강계까지의 여행에 대해 다음과 같이 기술하고 있다.

> 블레어 가족과 밀즈 가족이 하루하루 전진해 나아가며 산악 지대 안으로 더 깊이 들어가는 동안, 아직도 갈 곳이 멀고 마지막 고단한 여정이 남아 있었지만, 봄 날씨는 이보다 더 좋을 수가 없었고, 꽃들은 이보다 더 아름답게 필 수가 없었으며, 젊은 선교사들의 가슴은 미래를 향해 이보다 더 뜨겁게 뛸 수가 없었다. 강계의 성벽이 저 멀리 계곡 아래 보이고, 수 백 명의 열렬한 기독교인들이 5마일과 10마일이나 멀리 쏟아져 나와 그들을 환영하고 인도해 들이니 마치 왕의 사절들이 도시의 대문을 들어서는 것 같았다. 이때 수백 명의 사람들이 성벽에서 내려다보았고, 거리에는 그들의 아름다운 읍내에서 살려고 온 최초의 외국인들의 모습을 보려는 사람들로 넘쳐났다.[43]

블레어는 계속해서 선교기지를 개척해 나갔다. 그가 처음 사역했던 평양

41) 《미국 북장로교 한국 선교회사》, 320쪽. 당시 선천지역에는 아직 선교기지가 개설되지 않았다.

42) 《미국 북장로교 한국 선교회사》, 320-321쪽.

43) 《미국 북장로교 한국 선교회사》, 321-322쪽

에서는 중앙교회의 첫 번째 지교회인 남문교회의 창립과 부흥에 참여하였고, 두 번째 지교회인 사창리교회는 창립해서 초대 목사로 부임하여 1930년대까지 줄곧 사역에 참여하였다. 그가 책임을 맡았던 평양의 시골지역 순회사역에서도 비약적인 발전을 거듭하였으니 담당구역인 안주지역에 독립노회가 결성되었고, 북쪽으로는 강계지역에 새로운 선교기지를 개설하여 동생 헐버트 부부를 비롯한 젊은 선교사들이 부임하는데, 적극적으로 도움을 주었다. 그는 이렇게 평안남북도에 교회를 개척하여 모두 57개의 교회를 세워 수많은 교인들을 결신시켰다. 이러한 교회 성장의 배경에는 성경교육과 지역순회 전도활동 그리고 사경회제도가 있었기 때문이었다.[44)]

조선에서는 1907년 9월17일 조선인에 의한 "새로운 교회조직"이 탄생하였다. 이것은 그 때까지 외국선교사들이 가지고 있던 교회의 권한을 지도자로 양육된 한국인 목회자에게 이양한다는 것을 의미하였다. 그리고 1908년 한국에서는 처음으로 서울에서 장로회 노회가 개최되었다. 이 노회에는 한국인 대표가 59명, 외국인 선교사 대표가 30명이 참석하여 회무처리를 진행하였다. 1907년 9월 17일에 한국교회는 자립적이고 자생적인 교회연합활동을 할 수 있는 독노회를 조직한 것이다. 초대회장에는 사무엘 마펫 목사가 선출되었고, 부회장과 서기는 한국인이 선출되었으며, 회계는 그래함 리(Graham Lee) 목사가 선출되었다. 한국인 목회자가 포함된 첫 노회는 1912년 한국에서 처음으로 장로교 총회를 소집하는 초석이 되었다.

제1회 장로교 총회는 1912년 9월 1일 평양에서 열렸는데, 초대 총회장에는 언더우드 목사, 회계는 윌리엄 블레어 목사, 부회계는 김석창목사가 선출되었다. 한국에서 7개 노회가 연합한 총회가 조직되었고 임원도 지역 안배

---

44) 강계지역에서 활동한 선교사들은 브루엔(Bruen), 필립스(Phillips), 힐(Hill), 베어드 주니어(W. M. Baird jr.), 킨슬러(Kinsler), 캠벨(A. Campbell), 클라크(Clark), 블레어(W. N. Blair) 등이 사역하였다. 《미국 북장로교 한국 선교회사》, 361쪽.

에 따라 선출되었다. 그밖에 다른 직책들은 모두 한국인 총대들이 맡았다.[45] 이와 같이 외국선교사들의 복음전도 활동과 교회개척을 위한 노력으로 지역분할정책과 교권 이양이 이루어짐에 따라 한국교회는 독자적으로 발전할 수 있게 되었다. 블레어의 교회사역은 평양을 중심으로 한 5개 군을 관할하는 것이었다. 이 지역은 마펫 목사가 연례회의에서 맡겼던 안주 순회교구였는데, 마펫목사가 "이 지역은 북한에서 전략적인 장소의 하나라오."라고 하며 그가 가장 신뢰하는 블레어에게 지역을 이양했던 곳이었다. 북한 선교의 전략적 요충지인 이 지역의 순회사역을 위해 블레어는 한국 선교에 있어 획기적인 초석을 다져놓았다.

그는 사역 초기에 베어드선교사를 도와 숭실학당에서는 체육을 가르치고, 교회에서는 성경공부반을 인도하였다. 그의 첫 번째 교회사역은 남산마루교회(후에 남산현교회로 개칭)였다. 당시 블레어가 지방을 순회할 때에는 여관을 이용하였는데 나중에는 관할지역의 교회가 늘어나 여관에서 잠을 자지 못할 정도로 사역이 바빠졌다. 관할지역을 모두 순회하는 데는 두 달이 걸릴 정도로 방대해졌는데, 당시 그는 관할지역에 57개의 교회를 개척 건립하였다.[46] 남산마루교회는 평양에서 북쪽으로 약 20킬로미터 떨어진 산언덕에 위치한 교회였다. 그는 새로 나온 결신자들을 교육하고 세례를 주는 일에 있어서 아주 엄격하였고, 문제가 있을 때에는 공개적으로 책망과 징계를 하였다. 그가 남산마루교회에서 어떻게 교육을 시키고 세례를 베풀었는지 살펴보도록 하겠다.

> 우리는 그 사람이 신실한지 아니면 새로운 삶에서 영적 열매를 진정으로 추구하고 있는지 여부를 발견하려고 노력하였다. 성경읽기를 배우지 못한 50세

---

45) 한국기독교 장로회 역사편찬위원회, 《한국 기독교 100년사》, 한국기독교 장로회출판사, 1992년, 286-287쪽.

46) 《정금 같은 신앙 *Gold in Korea*》, 39쪽.

이하의 남녀들을 보면 거의 대부분 보다 확실하고 주님에 대한 진정한 사랑과 열심의 증거가 있기 전까지 세례 주는 것을 연기하였다. 그리고 당시에 20명의 세례대상자가 있었는데 17명에게만 세례를 주기로 결정하였다. …… 학습자들을 받아들여서 문답을 통과한 자 17명과 몇 명의 아이들에게 세례를 베풀었다. 이 때 설교를 마치고난 후 문답에서 탈락한 불성실한 교인 3명에 대해 공개적인 책망과 징계를 하였다. 그리고 마지막으로 깊고 엄숙한 침묵이 위로 향한 얼굴에 깃들고 예수님께서 친히 가까이 오사 풍성한 은혜와 축복이 내려주실 때 성찬식을 거행하였다.[47]

세례와 성찬예식을 엄격하게 시행하였고, 교회생활에 성실하지 못한 신자들에게는 준엄하게 질책과 훈육을 하여 바른 신앙인으로 성장하도록 지도하였다.

제3절 블레어의 전도방법과 교회개척사역

블레어의 선교방법은 네 가지로 나눌 수 있다. 첫 번째 방법은 질문을 통한 접촉점을 가지고 전도하였다. 블레어는 주로 사람들을 만나면 어디로 가는지에 대한 질문을 통해 접촉점을 찾는다. 그리고 거주지를 묻고,[48] 계란과 병아리 가격을 물어보며, 농작물의 수확 상태와 날씨 등에 관한 이야기를 나누면서 전도를 한다.[49] 두 번째 방법은 통행증 즉 여권을 통해 관할지역을 자유롭게 순회 전도한다. 1904년 러일전쟁이 일어났을 때에는 자유롭게 돌

---

47) 《정금 같은 신앙 *Gold in Korea*》, 41-42쪽.

48) 이 질문을 하면서 질문을 받은 전도대상자가 방위량 자신에게도 질문할 것을 예상하고 자신이 살고 있는 평양을 소개하였다.

49) 김태곤 역, 《한국의 오순절과 그 후의 박해》, 52쪽.

아다니면서 전도할 수 없었다.[50] 안주교회에서 사역할 때에는 일본군의 통제로 인해 자신의 선교구역내의 교회가 걱정이 돼서 평양주둔 일본군 사령관에게 가서 자신이 담당하는 선교구역을 마음대로 방문할 수 있도록 허락해 줄 것을 요청하였다. 일본군 사령관은 허락해주면서 통행증이라 할 수 있는 여권을 만들어주었는데 그 내용은 다음과 같다.

> 윌리암 뉴톤 블레어 목사: 미국의 목사인 위 사람은 전도하기 위해서 안수, 숙천, 개천에 가려고 한다. 방해하지 말고 지나가도록 할 것이며, 그가 필요로 할 때 도움을 줄 것이다. 평양 군수창이 여권을 가지고 여행하는 지역에 있는 일본 군수창 및 군대에게.[51]

블레어는 통행증(여권)을 가지고 전쟁 중에도 자신의 선교구역을 자유롭게 순회 전도할 수 있었다. 세 번째 방법은 집단식 전도방식인데 그룹을 지어서 전도하는 것이다. 개인이 가가호호를 전도하는 것에 비해 이런 "집단식 전도방법"은 전도의 극대화를 도모할 수 있다.[52] 이 방법은 설교가 끝난 후 10명 혹은 12명이 한 그룹을 이루어 전도를 나가는 것이다. 이 전도방법은 자비량으로 전도하러 가는 것인데, 마치 《누가복음》 9장 1-9절에서 예수님께서 열두제자를 보내시면서 아무것도 가지지 말고 그 동네에서 자기들을 영접하는 집에 들어가서 유숙하면서 전도하면 귀신을 쫓아내는 일과 병든 자를 치유하는 능력을 부여받아서 행하게 된다고 한 전도사례와 유사한 전도

---

50) 김승태 역, 《속히 예수 밋으시기를 ㅂ라ㄴ이다》, 59쪽.

51) 원문은 다음과 같다. Rev. Wm. N. Blair: The above named person, being American Reverend is going to Anju, Sookchun and Kaichun for preaching, and will be allowed to pass without hinderance, and such assistance will be given as he may be in need of Depot of Supplies in Pyengyang. To Japanese Depot of Supplies and Troops at the Places in the bearer's trips. William N. Blair, *Gold in Korea*, 32.

52) 김승태 역, 《속히 예수 밋으시기를 ㅂ라ㄴ이다》, 76쪽.

방법이라고 할 수 있다. 이 전도방식에 참여한 자들은 매일 성경공부를 하고 2시간씩 기도를 한 후에 둘씩 짝을 지어 전도하러 나갔다.[53)]

블레어는 매년 자신의 구역에서 2~7개의 교회를 개척 설립하였다. 하지만 재정적인 문제는 自給, 自傳, 自治의 원칙에 의거하여 교회를 설립 운영하였다. 블레어 선교사는 성도들과 항상 상의한 후에 새로운 교회 설립에 대해 모두가 동의할 때에 모든 신자들이 자긍심을 가지고 새로운 교회 설립에 적극적으로 참여하도록 유도하였다.

네 번째 방법은 기도와 축사사역을 통해 전도하였다. 이것은 예수님의 전도사역에서 나타난 방식을 따른 것이다. 예수님이 행하신 방법을 따라서 병든 자와 귀신들린 자들에게 기도와 설교를 통해 예수님을 영접하도록 하였다. 이것은 남칠교회의 나씨에게 행한 전도사역에서 볼 수 있다. 남칠지방의 유지인 나씨가 귀신들린 자나 병자들에게 "기도만 해주고 설교로 예수 믿으라고 하는 말은 하면 안 되오."라고 하면서 자신의 아들을 위해 기도해 달라고 블레어목사의 방문을 요청하면서 위와 같은 조건을 달았을 때, 블레어는 "그렇다면 나는 가지 않겠습니다."라고 단호하게 거절하였다. 블레어는 복음을 전하지 않는 치유와 축사사역은 하지 않겠다는 분명한 전도 목적을 가지고 있었고, 이와 같은 실천을 통해 나씨 일가를 기독교로 개종시키고 그 지역에 남칠교회를 건립하는 커다란 전도성과를 올릴 수 있었다.[54)] 블레어의 전도 방법은 네비우스 선교정책을 따른 성경 중심의 전도인데, 그는 바로 예수님의 선교사역에 나타난 모든 것을 《성경》에 바탕을 두고 신자들을 가르치고 훈련시킨 네비우스 선교정책을 가장 충실하게 실천한 목회자라고 할 수 있겠다.

---

53) 김승태 역, 전게서, 77쪽.

54) 김승태 역, 전게서, 85쪽.

4장

평양대부흥회부터 기독교진흥운동까지

[FORM FOR NATIVE CITIZEN.]

UNITED STATES OF AMERICA.

STATE OF Missouri
COUNTY OF Jasper } ss.

I, William Newton Blair, a NATIVE AND LOYAL CITIZEN OF THE UNITED STATES, hereby apply to the Department of State, at Washington, for a passport.

I solemnly swear that I was born at Salina, in the State of Kansas, on or about the 11 day of July, 1876; that my father Edgar Wilson Blair was born in Kossuth, Des Moines Co. Iowa and is now residing at Joplin, Mo.

that I have resided outside the United States at the following places for the following periods:
Pyengyang, Korea (Chosen), from Sept. 1901 to July 1909.
Pyengyang, Korea, (Chosen), from Sept. 1910 to July 1918

and that I am domiciled in the United States, my permanent residence being at Topeka in the State of Kansas, where I follow the occupation of missionary.

I am about to go abroad temporarily; and I intend to return to the United States within 9 years with the purpose of residing and performing the duties of citizenship therein; and I desire a passport for use in visiting the countries hereinafter named for the following purpose:

Japan — enroute to Korea (Chosen)
Korea (Chosen) — engaging in mission work

I intend to leave the United States from the port of San Francisco, Calif. sailing on board the Siberia Maru on September 5th, 1919.

OATH OF ALLEGIANCE.

Further, I do solemnly swear that I will support and defend the Constitution of the United States against all enemies, foreign and domestic; that I will bear true faith and allegiance to the same; and that I take this obligation freely, without any mental reservation or purpose of evasion: So help me God.

William Newton Blair

Sworn to before me this 17 day of July, 1919

Fee Received JUL 21 1919

제4장 평양대부흥회부터 기독교 진흥운동까지

제1절 1907년 평양대부흥회와 그 이후의 전도활동

영국과 미국에서 일어난 부흥의 불길이 한국에서도 일어날 징조가 있었다. 비록 선교사들과 한국교회의 지도자들은 부흥을 갈망하였지만 성령의 바람이 나비효과와 같이 초대교회에 일어난 오순절 성령의 바람이 한국교회에서 일어날 것이라고는 전혀 예상치 못했다. 평양대부흥의 역사를 경험했던 우리의 신앙 선조들은 다시 한 번 그때의 부흥을 기대하면서 성령의 뜨거운 역사를 맛보고자하였다. 1907년 평양대부흥회가 있은 지 백년이 되던 2007년에 많은 사람들은 그날의 감격을 재현하기 위해 기도하며 연합을 모색하였다. 그러나 이러한 준비에도 불구하고 아무런 일도 일어나지 않은 채 시간이 흘러가고 말았다. 성령의 부흥이란 인위적이거나 조직하여 만들어 낼 수 있는 것이 아니라 오직 성령이 그 시대와 상황에 따라 필요한 만큼 성령의 은혜를 부어주시는 것임을 알 수 있다 20세기 초 평양대부흥회의 감동의 주역이었던 블레어목사의 증언을 통해 한국교회가 다시 한 번 부흥을 경험하기를 소망하면서 그의 증언을 살펴보고자 한다.

1901년 블레어가 내한하여 언어 습득을 마치고 평양안주지역 순회선교사로 5개군을 관할하는 본격적인 전도사역을 한지 6년이 지난 1907년 1월에, 겨울사경회가 평양의 장대현교회에서 개최되었다. 1월 2일부터 시작된 사경회는 15일 밤에 끝났는데, 이 기간 중 1월6일(주일) 저녁집회가 끝날 무렵 처음으로 성령의 역사가 나타나기 시작했다고 박용규는 기술하였다.[1] 이 성령의 불길은 정오기도회를 통해 일어났는데, 선교사 하디가 인도하는 기도

---

1) 박용규, 《평양대부흥운동》, 생명의 말씀사, 2007년, 227쪽.

회에서 그래함 리 목사가 주강사로 말씀을 전하였다. 저녁집회에 참석한 사람들은 약 1천명 정도였는데, 그들은 16킬로미터에서 160킬로에 이르는 아주 먼 거리를 걸어 다녀야만 했기 때문에, 두 주일 동안 매일같이 왕복하는 일은 불가능했다. 때문에 숙식에 관한 일체의 비용을 자비로 부담하면서 숙박을 해야만 했다. 하지만 말씀을 사모하는 사람들이 많아서 참석자는 천 명이 넘었는데, 집회가 시작된 둘째 날, 토요일 저녁집회시간에 블레어선교사가 설교를 하였다. 그는 고린도전서 12장 27절 "너희는 그리스도의 몸이요 지체의 각 부분이라"는 성경구절을 가지고 힘 있게 설교를 선포하였다.[2)] 블레어는 "교회는 모두가 다 지체로 연결되어 있으며, 서로 남의 짐을 같이 져야한다"며 교회가 하나임을 강조하였다. "교회가 하나 되지 못하면 그것은 몸에 병이 난 것과 같다"고 주장하면서 자신이 한국에 입국한지 얼마 되지 않아서 사냥을 하러 갔다가 총에 맞아 손가락 끝마디 한 부분을 잃는 사고를 당했을 때에 자신이 느꼈던 고통을 예화로 들어 설명해 주었다.[3)] 설교하면서 블레어는 자신의 손가락에 있는 상처를 높이 들어 보이며 이렇게 말했다. "작은 손가락 하나를 다침으로 말미암아 머리와 온 몸이 얼마나 고통을 받았는지"에 대해 자신의 상황을 통해 효과적으로 전달하였기 때문에 듣고 있던 청중들은 마음에 큰 감동을 받았다.[4)] 이 설교가 끝난 후 많은 사람들이 자신들의 죄를 자각하기 시작하여 비통한 마음으로 다른 사람들에 대한 사랑이 결여된 것을 고백하였다. 특별히 일본인들에 대한 사랑이 결여되었다고 고백한 사람들이 많았다고 한다.[5)] 이런 죄의 고백은 부흥이 시작되었다는 증

---

2) 해리 로즈 저/최재건 역, 《미국 북장로교 한국 선교회사》, 연세대학교 출판부, 2009년, 279쪽.

3) William N. Blair, *My Two Crooked Fingers*. Duarte, CA: 1964, 15-16; William N. Blair·Bruce Hunt, *The Korea Pentecost and the Sufferings Which Followed*, Edinburgh: Banner of Truth Trust, 1977, 69.

4) 박용규, 《평양대부흥운동》, 230쪽.

5) 김태곤 역, 《한국의 오순절과 그 후의 박해》, 84쪽.

거의 신호탄에 불과하였다고 블레어는 회고하였다.[6] 다음은 1907년 그래함 리 목사[7]가 평양대부흥운동 중에 일어난 회개와 성령강림에 대한 부흥운동을 목격하고 나서 선교지에 기고한 증언록이다.

> 1907년 1월 6일, 우리는 장대현교회에서 평양 시내 4개 장로교회 교인들이 참여한 연합 겨울사경회를 저녁기도회로 시작했습니다. 이 집회를 남자와 여자가 함께 드리기에는 예배당 건물이 너무 작다는 것을 알았기 때문에 우리는 장대현교회에서는 남자 성도들만 모이도록 했고, 여자 성도들은 네 개의 다른 장소로 나누어 집회를 갖도록 했습니다. 장대현교회는 약 1,500명 정도를 수용할 수 있는데, 매일 밤 교회는 만원이었습니다. 집회는 토요일 저녁까지 매 저녁마다 열렸는데 능력이 점증적으로 나타났고 토요일 저녁 집회 때 최고조에 달했습니다. 주일 낮에는 각 교회로 흩어져 정규 예배를 드렸고, 주일 저녁에 다시 장대현교회에 모여 연합으로 계속 집회를 열었습니다. 우리는 그 저녁 집회때부터 위대한 일이 일어나리라고 기대했지만 큰 축복을 받지는 못했고 그 대신 대단히 이상한 경험을 하게 되었습니다. 집회는 마치 죽은 것 같았고 하나님의 영은 우리로부터 멀리 떠나 버린 것만 같았습니다. 설교를 한 번 하고 몇 명이 피상적인 신앙고백을 한 것이 전부였습니다. …… 우리는 그날 하루 종일 하나님께서 우리의 기도를 들으시고 응답하시기를 기도하면서도 어떤 일이 벌어질지 전혀 모르는 상태로 저녁예배를 드리러 예배당에 갔습니다. 설교를 짧게 마친 후에 우리는 함께 소리를 내어 기도했고, 모든 청중이 이에

---

6) 박용규, 《평양대부흥운동》, 230쪽. 《한국의 오순절과 그 후의 박해》, 69쪽.

7) 그래함 리(Graham Lee, 이길함 李吉咸, 1861-1916) 미국 일리노이주 출생. 맥코믹 신학교를 졸업하고 1892년 미북장로회 선교사로 내한하여 1912년까지 주로 관서지방 특히 평양지역에서 활동하였다. 1907년 일어난 평양대부흥회의 인도자 겸 설교자로 초기 한국 기독교 선교와 교회개척의 선구자이다. 그는 1897년 8월 15일 평양 널다리교회에서 길선주에게 세례를 주었고, 1907년 길선주 목사가 장대현 교회에 담임목사로 부임한 후에는 사무엘 마펫, 길선주, 그래함 리 목사가 번갈아 가며 장대현 교회의 당회장을 맡았다.

동참했습니다. 그런데 이 통성기도는 이번 집회의 여러 가지 특징 중 하나였습니다. 기도 후에 자복이 있었고 그 후에 찬송을 부른 후 인도자는 회중들에게 자리에서 일어나게 한 후 집에 가기를 원하는 사람은 모두 집에 가라고 하면서 원하는 사람들은 남아서 아침까지 우리와 함께 기도하면서 자신의 죄를 자백해도 좋다고 했습니다. 대부분이 돌아갔지만, 약 5백명 내지 6백명 정도가 남았습니다. 우리는 이들을 예배당의 한쪽 날개로 모아 놓고 우리 중 어느 누구도 이제껏 경험해 보지 못한 집회를 하기 시작했습니다. 기도를 드린 후에, 소리를 내서 죄를 고백했는데 바로 그 순간 하나님께서 그곳에 모인 회중에게 강림하시는 것만 같았습니다. 회중이 차례대로 자리에서 일어나 자신의 죄를 하나님께 내어놓고 눈물을 흘리며 자복하였는데 자신의 죄에 대한 고통과 번민으로 마룻바닥에 몸을 내던지고 주먹으로 땅을 치면서 괴로워했습니다. 우리 집 요리사는 자신의 죄를 고백하려고 애쓰다가 그러는 중에 자복하고 기도실 맞은 편에 있던 내게 소리쳤습니다. “목사님! 말씀해 주세요. 나에게도 희망이 있습니까? 나도 용서를 받을 수 있습니까?” 그리고 그는 바닥에 자신을 내던지고 울고 또 울었는데, 극심한 고통 속에 비명을 지르는 것 같았습니다. 어떤 때는 누군가가 죄를 고백하면 즉시 전 회중이 통성으로 기도했는데 수 백 명의 회중이 함께 통성으로 기도하는 그 광경은 말로 표현할 수 없는 것이었습니다. 그리고 또 다시 죄의 고백이 이어진 후 회중들은 걷잡을 수 없이 눈물을 흘리며 울기 시작했습니다. 우리도 모두 눈물을 흘렸고 이를 도저히 막을 수 없었습니다. 죄를 자백하고 눈물을 흘리며 울고 기도하는 식으로 집회는 새벽 2시까지 계속되었습니다.

장대현교회의 중진, 특히 강씨(강유문)와 김씨(김찬성)[8]가 서로 미워하고 있다는 것을 알고 있던 우리 몇몇 선교사는 집회기간 동안에 이들이 죄를 회개하고 서로 화해하기를 기대했습니다. 드디어 월요일 밤 강씨는 용기를 내어 자신이

8) 김찬성 : 길선주 목사의 의형제. 본래 길선주와 젊어서부터 仙道를 닦다가 길선주의 인도로 기독교로 개종하여 후에 평양 장로회신학교 제2회로 졸업하고 목사가 되었다.

얼마나 김씨를 싫어했는지를 자백하고 용서를 빌었습니다. 그처럼 당당하고 완고했던 강씨가 쓰러졌다가 다시 정신을 차린 후, 자신이 얼마나 김씨를 싫어했는지 말하려고 애쓰다가 다시 쓰러지는 것을 보고 매우 놀랐습니다. 새벽 2시쯤 되었을 때에도 여전히 자신의 죄를 자백하려는 사람들이 있었지만, 예배당이 점점 추워졌고, 또한 저녁 집회가 있을 것이기 때문에 집회를 끝내는 것이 좋다고 생각했습니다. 화요일 저녁 기도집회 때 우리 선교사들은 전날 저녁에 있었던 놀라운 집회에 대하여 진심으로 감사를 드렸고, 화요일 저녁 집회에는 더 위대한 축복을 주시기를 하나님께 간구했습니다. 우리 한국인 목회자 중에서 가장 은사를 많이 받은 길선주 장로의 설교가 끝난 후에, 원하는 사람은 모두 집에 가도록 했는데 또다시 6백명 정도가 남았습니다. …… 우리 몇몇 선교사는 교회 중진, 특히 김씨(김찬성)와 주씨(주공삼)[9]를 위해 기도했는데, 그 두 사람이 자백해야 할 것이 있다는 것을 알았기 때문입니다. 화요일 저녁 집회는 힘을 얻어 자신의 죄를 자백하게 되었을 때 정점에 다다랐습니다. 그는 강단에 앉아 있다가 갑자기 자리에서 일어나 앞으로 나와 곧 바로 자백하기 시작했습니다. 김씨는 마음속으로 다른 형제, 특히 블레어(W. N. Blair) 선교사를 미워하였음을 자백했고 그러한 미움들을 모두 쏟아냈습니다. 김씨가 겪었던 고통은 말로 표현할 수 없을 정도로 끔찍했습니다. 그는 바닥에 쓰러져 마치 발작하는 사람 같았습니다. 그가 자복했을 때 모든 회중은 온통 눈물의 소용돌이에 휩싸였고, 그들은 울고 또 울고, 계속 울었습니다. 우리 선교사들도 그들과 같이 울었는데 아무리 해도 그 눈물을 멈출 수가 없었습니다. 전 회중이 눈물 흘리며 울고 있을 때 강씨가 기도하기 위해 나왔는데, 그는 속속들이 자복했고 마치 자기 심장을 찢는 것처럼 괴로워하며 눈물을 흘렸습니다. 형제

9) 주공삼 朱孔三 : 장대현 교회의 장로, 평양 장로회 신학교를 졸업하고 목사로 장립되었다. 제1차 진흥운동 기간 중, 장로회 총회의 진흥위원으로 피선되어 블레어 목사와 함께 활동하였다. 兩人은 《신학지남》 제2권 4집에 〈진흥운동〉을 게재하며 진흥운동의 취지와 시행방안을 제시하는 등 전국적으로 기독교 부흥운동을 주도하였다. 본서의 【부록3-1】 참조.

들이 그 주위로 몰려들었고, 그에게 팔을 올려놓자 그는 평온을 되찾았습니다. 그 후 강씨는 김씨에게로 가서 사랑스럽게 그를 끌어안고 함께 눈물을 흘렸는데 그 모습이 너무나 아름다웠습니다. 김씨는 정신이 들자 블레어 선교사에게 가서 말했습니다. "블레어 목사님! 나를 용서해 주시겠습니까? 나를 용서해 주시겠습니까?" 블레어 목사도 기도하기 위해 자리에서 일어나더니, "아버지!" 라고 한 후 한 두 마디 말하고는 더 이상 아무 말도 하지 못했습니다. 그가 이미 형용할 수 없는 감격에 휩싸였기 때문입니다. 회중은 계속 눈물을 흘리며 울었고 전혀 멈추지 않을 것 같았습니다. 마침내 우리는 회중이 잠잠해지도록 찬송을 불러야만 했는데, 그중 몇 사람은 스스로를 억제할 수 없을 정도로 이성을 잃었기 때문입니다. 찬송을 부르는 동안 회중은 잠잠해졌고, 다시 죄의 자백이 시작되어 집회는 새벽 2시까지 이어졌습니다. 그날 저녁에 가장 충격적인 일은 숭실대학교 학생이 드린 기도였습니다. 그는 하나님께 자신의 죄에 대해 사람들 앞에서 자백할 것을 요청했고 기도할 기회를 얻었습니다. 더듬거리는 목소리로 그 학생은 기도하기 시작했는데, 그 기도는 내가 이제껏 한 번도 들어보지 못한 기도였습니다. 우리는 하나님 앞에서 인간의 마음이 완전히 벗겨지는 현상을 목격했습니다. 그는 간음과 미움, 자신의 아내를 사랑하지 않은 일과 지금은 잊어버렸지만 여러 가지 죄들을 고백했습니다. 그 학생은 울면서 기도했는데 거의 자신을 주체할 수 없었고, 그가 울자 다른 회중들도 통곡하며 눈물을 흘렸습니다. 우리는 마치 살아 계신 하나님의 임재 앞에 있는 것만 같았습니다. 그 집회로 겨울 사경회는 끝났습니다. 우리는 이 집회에 나타난 성령의 역사가 이제 그치게 되는 것은 아닌지 걱정이 되었습니다. 그러나 정말 기쁜 것은 수요일 저녁 4개 교회로 나누어 가진 기도회에서도 동일하게 강력한 능력이 나타났습니다. …… 예배를 마친 후에 집에 가고 싶은 사람은 돌아가라고 했습니다. 남은 교인들이 자리를 잡자 우리는 함께 통성으로 기도했고, 그 즉시 수많은 사람들이 자기의 죄를 자백하려고 자리에서 벌떡 일어났습니다. 몇 명이 자백한 후 주공삼 장로가 용기를 내서 자기의 죄를 고백할 때, 집회는 절정에 다다랐습니다. 그 놀라웠던 화요일 집회 내내 주장로는 자리에 있었는데 마치 사형선고를 받은 사람처럼 보였습니다. 우리는 주장로가 사람들 앞에서 자백해야 할 끔찍한 죄가 있음을 확신했고, 하나님께서 그에게 힘주시기를 간구했습니다. 그는 강단에 앉아 있다가 갑자기 일어나 내 옆에 섰는데 그것을 본 나는 기쁨에 사로 잡혔습니다. 왜냐하면 주장로가 굴복하고 하나님의 영에 사로잡혀 깨끗하게 될 것을 알았기 때문입니다. 주장로는 더듬거리며 자백하기 시작하였는데 점점 또렷한 목소리로 말을 이어 나가자 그의 모든 죄가 드러났습니다. 주장로는 간음과 교회 돈을 횡령한 죄를 자백했는데 이를 자백하면서 그는 극심한 고통 속에 휩싸인 듯 했습니다. 그것은 내가 이제까지 보아온 것 중에 가장 무서운 고통에 사로잡힌 인간의 모습이었습니다. 그는 머리부터 발끝까지 떨고 있었는데 그가 강단에서 떨어질 것 같아 나는 그를 두 팔로 붙들어 주어 서있도록 도와주었습니다. 마음 속에 두려운 고통을 느끼면서 주장로는 소리쳤습니다. "이제껏 나보다 더 끔찍한 죄인이 있었습니까?" 그러고 나서 그는 자기 손으로 온 힘을 다해 설교단을 내리쳤습니다. 마침내 그는 바닥에 누워 용서를 구하며, 고통 가운데 몸을 비틀고 또 비틀었습니다. 주장로를 진정시키지 못하면 곧 죽을 것만 같아 보였습니다. 그것은 차마 볼 수 없는 장면이었습니다. 아! 그러자 한국인 형제들이 그의 주위에 모여, 그를 끌어안고 번민으로 고통 받는 그를 위로해 주었는데, 그 장면은 너무도 아름다웠습니다. 주장로가 자복하자마자 전 회중은 울음을 터트렸고, 그들은 눈물을 흘리며 울고 또 울었고, 전혀 그칠 것 같지 않았습니다. 나는 그들을 잠잠하게 만들기 위해 찬송을 불러야만 했습니다. 집회를 조금 더 가진 후에 모든 교인이 해산했습니다. 우리는 하나님의 영이 여전히 우리 가운데 있음을 감사드렸고, 주장로가 자신의 죄를 자백하도록 만든 성령의 능력을 그가 받아들이도록 이끄신 것에 더 큰 감사를 드렸습니다. 수요일 아침에 성숙한 소녀와 부인들을 위해 설립한 숭의여학교에서도 똑같은 역사가 나타났습니다. …… 짧은 설교와 기도를 드린 후, 여학생들은 고꾸라져 눈물을 흘리며 자신들의 죄를 자백하기 시작했습니다. 집회는 12시를 넘긴 후에도 기도와 눈물, 그리고 죄의 자백으로 계속 이어졌습니다. 금요일에는 모든 수업을 뒤로 미루고 아침 내내, 그 이전 이틀 동안과 마찬가지 형태로 집회를 가지며 시간을 보냈습니다. 수요일 아침에 장대현교회 부속 숭덕학교에서도 똑같은 역사가 일어났습니다. …… 목요일 오전에는 성령이 어린 소녀들이 다니는 숭현여학교에도 내렸습니다. 우리 선교사들 중 일부가 학교 교실 옆을 지나던 중 비통하게 우는 소리를 듣고 그곳에도 똑같은 성령의 능력이 임했다는 것을 알았습니다. …… 주일 오전, 장대현교회에서 우리는 평소와 같이 성경공부반을 열었고 오후 예배 때 또다시 성령의 강력한 역사가 일어났습니다. 길선주 장로가 설교했는데 그는 아주 생생한 연극으로 설교를 끝냈습니다. 그는 줄로 자신의 허리를 동여맨 후에 교회의 임원 중 한 사람에게 줄을 붙잡으라고 했습니다. 그리고 강단 저편에서 오라고 손짓하는 매큔(G. S. McCune) 선교사에게로 가려고 했습니다. 그런 자세로 길선주는 죄에 매인 죄인이 그 죄를 끊고 하나님께로 가려고 노력하는 모습이 이렇다고 설명했습니다. 그러고 나서 그는 마치 자신의 죄를 깨달은 사람이 그러하듯이, 자기 몸을 움직이려고 애쓰고 몸부림쳤습니다. 마침내 줄이 끊어지고 그는 강단을 향해 돌진하여 매큔 선교사와 서로 두 팔을 벌려 끌어안았습니다.

나는 블레어 선교사와 함께 지방 사경회를 인도하러 가서 그 예배에 참석하지 못했는데, 매큔 선교사가 후에 들려주기를, 길선주 장로가 줄을 끊으려고 몸부림치자 전 회중이 숨을 죽이고 있다가 줄이 끊어지고 길선주와 매큔 선교사가 서로 끌어안자 그 효과는 말로 설명할 수 없을 정도가 되었답니다. 수많은 남자 성도들이 자신의 죄를 고백하고자 자리에서 일어나 소리쳤고, 다른 이들은 극심한 고통의 눈물을 흘리며 마룻바닥에 몸을 내던졌답니다. 길선주 장로는 교인들에게 집으로 돌아가 사람들에게 자신의 죄를 고백하고 저녁 집회 때에 다시 오라고 했습니다. 월요일과 화요일 저녁에는 여성들을 위한 집회만 열렸는데 또다시 하나님의 강력한 능력이 나타났습니다. 그 집회의 긴장감이 너무나 컸기 때문에 한 여성은 의식을 잃었고 다른 이들도 거의 통제력을 잃을 뻔 했습니다.

평양사람들을 모두 기쁨으로 충만하게 했던 집회는 끝이 났지만, 여전히 평양 밖에 있는 시골지역에서도 성령의 역사는 계속되었습니다. 블레어 선교사와 나는 지방 사경회를 인도하고 막 돌아왔는데, 이 사경회에서도 평양과 동일하게 성령의 역사가 나타났고, 자신의 죄로 인한 엄청난 고통과 그 죄를 자백함으로써 얻은 엄청난 기쁨과 평화가 나타났습니다. 그러므로 평양에서 시작된 이 은혜의 사역에 대하여 우리는 하나님께 최상의 감사를 드리고, 우리가 평양에서 본 것은 순전히 하나님께서 여전히 우리를 위해 준비하시고, 우리뿐 아니라 이 나라 전체를 위해 준비하시고, 우리뿐 아니라 이 나라 전체를 위해 준비하신 위대한 축복이 되기를 기도합니다. [10)]

당시 부흥회 현장에서 일어난 회개에 대한 블레어의 증언에 따르면, 힘 있는 6인의 남자가 극심한 성령의 고통 가운데 자신들의 죄를 통회하고 용서를 구하는 성령의 임재가 이어졌으며 이곳에 있던 참석자들의 통성기도가 30분간 멈추었다고 한다. 그리고 이 침묵의 순간을 깨고 길선주가 "만복의 근원 하나님 온 백성 찬송 드리고"를 부르며 모인 이들에게 함께 찬송 부를 것을 요청하였다. "성령이 오셨네 성령이 오셨네"를 반복하여 부른 후에 참석자들이 공개적으로 자신의 죄를 고백하기 시작하였다고 한다. 길선주는 이렇게 죄를 고백하였다고 한다.

길선주의 친구가 죽으면서 재산을 대신 맡아달라고 했는데, 그 재산 중(미화

---

10) Graham Lee, How The Spirit Came to Pyeng Yang, *The Korea Mission Field*, 1907.3. 이덕주 역, 《평양장대현교회 예배당 Pyeng Yang Changdaehyun Church and The Great Revival Movement of 1907》, 한국기독교역사박물관, 2007년, 19-31쪽.

로 몇 백 불에 해당되는 돈) 일부를 떼어 먹었다고 고백하였다.[11]

길선주에 이어 죄를 회개하러 나온 김장로는 블레어목사를 미워했다고 하는 고백을 하였고, 생각지 못한 고백을 들은 블레어는 그를 위해 기도하는 가운데 아무런 말을 할 수 없어 "아버지! 아버지!"라고만 부를 수밖에 없었다고 한다. 이 때 블레어는 "교회당 지붕이 벗겨지고 성령이 하늘로부터 큰 능력으로 우리에게 내려오시는 것 같았다"는 감동을 받았다고 한다. 블레어는 장대현교회에서 있었던 여러 사람이 공중 앞에서 연이어 죄를 고백하는 장면을 목도한 뒤 다음과 같이 간증하였다.

> 사람이 범할 수 있는 죄라는 죄는 그날 밤에 모조리 공개적으로 자백되었고 약하고 떨리는 기분으로 몸과 마음이 고뇌에 사로잡힌 채, 심판의 환한 불빛 아래에 서서 범죄한 영혼들은 스스로의 죄악된 모습을 보았다. 그리고 하나님도 그 광경을 지켜보고 계셨다. …… 다른 사람들의 이목을 의식하지 않고 하늘에서 듣고 계시는 예수님을 향해 그들은 스스로를 치며 비통한 부르짖음으로 고하였다. "주여! 주여! 우리를 영원히 버리지 마옵소서!"…… 만일 하나님이 용서해주시기만 한다면, 사람들의 경멸과 법적인 제재 혹은 목숨까지도 개의치 않은 것 같았다.[12]

블레어는 이러한 공개적인 참회에 대해 성령께서 죄악에 빠진 영혼들 위

---

11) 요나단 고포트(Jonathan Goforth), 《1907년 한국을 휩쓴 부흥의 불길》, 서울: 예수전도협회 출판부, 1995년, 25쪽과 이상규, 《한국교회 역사와 신학》, 생명의 양식, 2007년, 75쪽 참조. 길선주목사가 고백하였다고 알려진 이 고백 역시 정확하지는 않은 하나의 가설로 이야기되어진다. 하지만 길선주는 자신의 죄를 대중 앞에서 공개적으로 회개함으로써 회개와 성령 강림의 기폭제 역할을 하였다. 이 일은 평양대부흥운동을 전국으로 확산시키는데 결정적인 역할을 하였다.

12) 《한국의 오순절과 그 후의 박해》, 89쪽.

에 임하시면 죄의 고백이 뒤따르게 되었고 그 어떤 세력도 이를 멈출 수 없다는 결론을 내리면서 참된 부흥에는 반드시 자신의 죄를 회개하는 것이 수반된다는 것을 알게 되었다고 증언하였다.[13)]

평양대부흥운동은 한반도를 휩쓸고 간 성령의 바람으로 오순절 성령의 강림이 재현되었고, 하늘로부터 임한 성령의 불길이 한국을 죄악의 수렁에서 건져내신 하나님의 은총임을 깨닫게 해준 사건이었다. 한국교회가 부흥을 경험한 것은 감정주의에 의한 것이 아니라 부흥의 결실이 거의 모든 곳에서 포괄적으로 나타난 진정한 영적 각성운동의 결실이었기 때문이다. 개인과 가정 그리고 교회에 나타났으며 무엇보다 사회적 차원에서도 회개의 열매가 맺어졌기 때문에 한국교회는 자립의 단계에 들어설 수 있었다.

그리하여 1907년 가을에 개최될 "독자적인 한국교회를 위한 조직"을 준비하기 위해 기도를 시작하였다.[14)] 그리고 장로회 총회를 조직한 것을 기념하기 위해 총회 차원에서 선교사업을 결행하기 시작하였는데, 국내 전도활동뿐만 아니라 해외선교에 대해서도 관심을 가지고 중국과 일본에 선교사를 파견하고자 하는 복음의 열정을 갖게 되었다.

이렇게 한국교회가 받는 것에서 벗어나 나누어주는 교회로 자립할 수 있었던 배경은 네비우스선교 정책을 한국교회에 철저하게 적용하였기 때문이었다. 자발적이고 자립적인 네비우스 선교원리에 따라 선교한 결과, 한국적인 시대적 상황과 정치적 사회적으로 불안한 환경을 극복하고 한국적인 토양에 잘 적응된 원리로 토착화시킬 수 있었던 것이다. 그리고 네비우스원리를 잘 수용하고 이 원리에 따라 사경회와 전도사업 그리고 전교회가 협력하는 연합사업으로 복음운동을 전개한 내한선교사들과 한국 지도자들과의 상

---

13) 《한국의 오순절과 그 후의 박해》, 89쪽. 블레어는 《찬성의 고백》이라는 책을 통해 구한말의 역사적으로 암울했던 시대적 상황 가운데 한 가정의 문제가 신앙을 통해 다시금 회복되는 놀라운 하나님의 섭리와 죄의 청산을 통해 온전히 하나가 되는 회복의 기쁨을 보게 하는 신앙고백을 서술하였다.

14) 박응규, 《한부선 평전》, 도서출판 그리심, 2004년, 149쪽.

호협력적인 관계가 이것을 이루게 한 것이라고 할 수 있다. 블레어는 평양대부흥운동이 일어날 것을 하나님께서는 이미 알고 계셨다고 하였다. 부흥은 어느 순간에 임하는 것이 아니라 이미 그 징조들을 가지고 잔잔한 물결을 일으키면서 점점 구체적으로 느낄 수 있도록 다가오는 마치 태풍과 같은 것이라 할 수 있다. 평양대부흥회의 감동을 맛본 뒤 1907년 9월에 총회가 조직되었던 것은 하나의 신앙고백을 채택할 수 있는 단일 장로교단으로 출발할 수 있는 요인이 되었다고 볼 수 있다.[15]

제2절 백만인 구령운동(Evangelizing a Million Korea Homes)

평양부흥을 경험한 선교사와 개종한 사람들은 부흥의 감격을 잊지 못했다. 대부흥의 역사가 일어 난지 2년이 지나자 선교사들은 새로운 제2의 부흥을 기대하게 되었다. 이것이 1909-1910년에 일어난 두 번째 부흥운동이었다.[16] 이것은 선교사들의 복음에 대한 열정을 한국인 지도자들이 그대로 본받은 것이라고 할 수 있다. 이러한 열정이 한국의 민족복음화로 이어지는 도화선이 되어서, 하나의 조직화된 운동으로 발흥한 것이 바로 "백만인 구령운동"이다.[17]

이 운동의 발흥은 남감리회 선교사들 몇몇이 시작하였는데, 이들은 남감리회 개성선교부 소속선교사들로서 리드(W. T. Reid), 스톡(M. B. Stokes), 갬블(F. K. Camble)이었다.[18] 이들의 기도회는 1909년 7월 12일에 모여서 한국교회의 부흥을 위해 기도하기 시작하여 4일째 되는 날 새벽 4시까지 계속해서

15) William N. Blair, Past Revivals and Present Day Evangelism in Korea, *KMF* 16(1920, 3), p.60-61.
16) 《미국 북장로교 한국 선교회사》, 282쪽.
17) 박용규, 《평양대부흥운동》, 596쪽.
18) 박용규, 《평양대부흥운동》, 599쪽.

기도하였다. 이들은 과거 경험한 영적인 능력과 성령의 능력 안에서 살아가고 있지 않다는 자각을 함과 동시에 민족의 미래를 염려하면서, 이 민족과 이 나라에 다시 한 번 영적인 부흥이 일어나기를 기대하면서 기도회를 통해 매일 성경공부 주제를 위해 기도하였다.[19] 그래서 이 운동은 평양 대부흥회의 성격과는 다른 또 하나의 커다란 전도운동이 되었다.

이 운동은 '백만 영혼을 그리스도에게'라는 슬로건을 가지고 진행되었는데, 이는 개신교 통합선교공회에서 논의하여 결정된 것이었고, 이 운동에는 모든 교회와 선교회들이 열정적으로 동참하였다.[20] 이 운동을 위해 로버트 하크니스(Robert Harkness)가 "예수를 위한 백만 영혼들"이라는 제목으로 노래를 작곡하였고 부흥운동을 위해 노래가 수록된 특별 책자들을 제작 배포하였다.[21] 그리고 날 연보(Days Offering)[22]와 "권찰제도"가 이때 생겨났는데, 이 권찰제도는 사무엘 마펫 박사가 와나메이커의 유명한 필라델피아 주일학교 교육에서 차용한 것으로, 오늘날 구역장과 같은 직책이었다.[23] 마펫 박사는 북 장로회 선교회 25주년 보고서에서 권찰제도에 관하여 다음과 같이 보고하였다.

> 권찰은 자기에게 맡겨진 자들의 영적 유익에 관한 모든 일을 파악하고 감독해야한다. 그리고 권찰은 권면하고 가르치고 격려함으로 위로하는 일들을 하면서 자신이 하고 있는 사역에 대한 보고를 장로 혹은 목사에게 그리고 상급직

---

19) 박용규, 《평양대부흥운동》, 600쪽.

20) 《미국 북장로교 한국 선교회사》, 282쪽.

21) 각주 20)과 같음.

22) '날 연보'는 하루를 연보(헌금)한다는 의미인데, 시간상의 십일조와 비슷한 개념이다. 이는 개인이 자신의 직업상 가장 편리한 때에 인근의 비기독교 지역에 가서 일정한 기간 동안 보수를 받지 않고 그리스도의 복음을 전하기로 서원하는 전도 동참운동이다. 그래서 자신에게 주어진 날들 가운데 하루를 전도(Preaching)를 위해 드린다는 의미이다. 박용규, 《평양 대부흥운동》, 627쪽.

23) 박용규, 《평양대부흥운동》, 642쪽.

분자에게 해야 한다. 또한 권찰회의 월례회도 개최해야한다.[24)]

이 운동이 전개되는 동안 미국 북장로회 선교관할지역에 있는 한국 장로교회 통계자료에 따르면 세례자수가 1906년부터 1908년 사이에 57% 증가하였고, 전체 교인 수는 66% 증가하였으며, 두 부흥기간 동안 교인은 12,500명에서 32,500명이 증가하여 전체 교인 수는 4만 4천명에서 11만 명으로 늘어났다고 보고되었다.[25)]

당시 이 운동에 관해 블레어는 "백만 가정의 복음화 운동"'으로 확대하기 위하여 《그리스도의 행적》이라는 소책자를 만들었다. 이 소책자를 개인전도용으로 배부하도록 하였는데, 이 책자에는 "기독교인이 되기 위한 초청장과 선물의 정신과 동기"가 설명되어 있었다.[26)] 이 운동에 대해 블레어는 '백만 명'이란 숫자는 당시 인구 1천 만 명의 10분의 1을 뜻하는 것이므로 '백만의 한국 가정'으로 확대하여 폭넓은 전도운동으로 펼쳐나가고자 하는 의미라고 설명하였다.[27)] 일부 특정지역에서는 과거에 있었던 부흥운동에 버금가는 놀라운 역사가 일어났으며, 블레어는 이때에 일어난 부흥의 결과를 이렇게 표현하고 있다. "평양지역에서 그 이전의 5년 동안 보다 더 많은 새 신자 그리스도인 집단이 그 지방에서 조직되었다."[28)]

당시 백만인 구령운동에 대한 보고서에서 나타난 것처럼 기독교인의 양적인 발전이 확실하게 나타났음을 알 수 있다. 하지만 평양 대부흥회 이후에 일어난 이 운동에 대해서는 전반적인 면에서 실패한 운동이라고 평가하

---

24) Samuel A. Moffett, "Evangelistic Work", *Quarto Centennial Papers Read Before the Korean Mission of the Presbyterian Church in the USA. at Annual Meeting.* (Pyeng Yang, Korea: *Korea Mission of PCUSA*, 1909), p.24.

25) 《미국 북장로교 한국 선교회사》, 284-285쪽.

26) 변동헌, 《그리운 방위량 선교사》, 대구: 도서출판 한빛, 연대미상, 23쪽.

27) 각주 26)와 같음.

28) 박용규, 《평양대부흥운동》, 695쪽.

고 있다. 당시의 국내 정세가 말해주듯이 105인 사건으로 인해 한국교회가 수난을 당하였고, 이 사건에 연루된 교회지도자들을 체포해가는 압박과 고통 속에, 1910년 국권찬탈이라는 국난까지 더해져 한국교회는 험난한 가시밭길을 걸어가는 형국이었기 때문이다.

1912년에 있었던 105인 사건과 관련하여 일제는 백만인구령운동 중의 "백만인"을 '100만군의 십자가 군병'으로 오해하여 순수한 종교운동이 아니라 일제를 향한 한민족의 정치적 저항운동으로 간주하였다.[29] 한반도를 영구적으로 지배하려는 야욕을 가지고 있던 일제는 기독교를 가장 큰 걸림돌로 여기고 있던 차에 개신교 복음주의 연합공의회가 모여서 '백만 명을 그리스도에게'로 라는 구호를 내걸고 전도활동을 전개하였기 때문에 일제는 기독교 탄압을 위해서서 105인 사건을 조작하였고 이를 기독교 탄압의 단초로 사용하였던 것이다.[30] 그래서 이 문구를 일제는 "백만인 십자군"으로 해석하여 기독교를 본격적으로 탄압하기 시작하였다. 때문에 이 운동은 당시에는 교세의 확장과 전도의 결실로 한국 기독교의 제2의 부흥운동이라고 볼 수도 있지만, 전체적으로 본다면 본래 의도했던 목적을 달성하지 못한 미완성 운동이었다고 평가할 수 있다.

제3절 기독교 진흥(振興)운동(The Forward Movement)

제1차 세계대전으로 인해 미진했던 복음전도에 온힘을 쏟기 위해 침례교회가 먼저 교회 진흥을 위해 활동하기 시작했다. 또한 감리교회에서 외국전도 백주년기념회를 통해 5년 동안 國內外의 교회를 진흥케 할 목적으로 거대

---

29) 한국기독교역사연구소, 《한국기독교의 역사 I 》, 서울: 기독교문사, 1989년, 282·318쪽.

30) 《한국기독교의 역사 I 》, 282쪽.

한 예산을 세워 활동을 시작하였다. 그리고 장로교회에서는 '새로운 시대의 문으로'라는 연설로 진흥운동을 시작하여 5년간 지속하기로 결정하였다.[31) 블레어는 진흥운동을 준비하는 초기에 미국에 있었고, 1919년 3월 1일 독립운동이 일어난 그해 9월에 귀국하였을 때 이 운동을 준비하고 있는 것을 보고 놀랐다고 고백하였다.[32) 왜냐하면 초기의 외국선교사들은 한국에서 복음 전도를 위해 복음의 내용에 충실했으며, 전도에 대한 열정과 관심은 지칠 줄 모르는 종마와 같이 그들의 젊음과 열정을 쏟았기 때문이다. 그래서 선교사들은 복음 전도를 위해 다양한 전도방법을 한국적인 상황에 맞게 적용하여 오직 교회와 복음의 확산을 위해 전력으로 노력하였다. 평양대부흥회의 열기가 식은 지 십여 년이 지난 1919년 10월에 열린 제8회 장로회 총회에서 영적이며 교육적인 발전을 도모하기 위하여, "진흥(振興)운동"을 전개하기로 결정하였다.[33) 이 날 총회에서 총회장이 진흥위원장으로 직접 지명한 사람이 바로 블레어선교사였다.[34) 그는 줄곧 4년 동안 위원장직을 맡아서 부흥을 위한 진흥운동의 진행을 위해 온갖 정성을 쏟았다.[35) 임명을 받은 첫 해에는 그의 가족이 미국에 있었기 때문에 자유롭게 다른 선교지부와의 관계를 가지면서 선교사들을 포함한 한국교회 지도자들과 함께 수양회를 개최하였고, 그가 방문하는 곳마다 연설을 하였다.[36)

한국에 있는 장로회 소속 4천 여 개의 교회에서 특별 진흥운동 부흥회를 개최하면서 설교자와 교사들을 여러 곳으로 파송하였다. 이때 전도지를 발간하여 판매한 부수가 수만 장에 달하였다. 당시 전도지는 교회와 선교사들

---

31) 방위량, 〈진흥운동〉, 《신학지남》 제2권 제4집, 1919년, 93-94쪽.

32) 《정금 같은 신앙 *Gold in Korea*》, 104쪽.

33) 방위량, 〈진흥운동〉, 93쪽; 박응규, 《한부선 평전》, 166쪽.

34) 박응규, 《한부선 평전》, 166쪽.

35) 《정금 같은 신앙 *Gold in Korea*》, 123쪽.

36) 《미국 북장로교 한국 선교회사》, 287쪽,

에 의해 전국으로 팔려나가 실제로 성령의 임재와 영적으로 부흥을 경험한 평양대부흥운동이 다시 전개되는 현상으로 이 "진흥운동"을 전개하였다고 한다.[37] 블레어는 당시 진흥운동을 위해 교회와 성도가 참여하도록 독려하는 글을《신학지남》에 朱孔三목사와 공동으로 기고하였다.[38] 블레어는 삼년 동안 실행할 계획을 9개조로 나누어 성취목표를 제시하고 이를 각 교회에 배부하여 실행하도록 하였는데, 그 내용은 다음과 같다.

> 진흥운동을 위한 세부 계획은 삼년으로 정하고, 첫 번째 해에는 준비하는 목적으로 본래부터 시행하던 방법을 기초로 하여 교회의 會集과 기도에 특별히 진력할 것, 두 번째 해에는 대규모 활동을 계획하여 전국 교회에서 부흥회를 개최한다, 세 번째 해에는 주일학교와 청년을 위하여 활동하기로 결의하였다. 그리고 총회에서 결의한 9개 조로 나눈 진흥비교표는 다음과 같다.

1. 주일예배 집회수가 현재보다 사분의 일 이상(25%) 증가하는 것이 제일의 목적이다.
2. 삼일기도회(수요일 밤) 수가 현재보다 배(100%) 이상 증가하는 것이 목적이다.
3. 주일학교 집회수가 현재보다 사분의 일 이상(25%) 증가하는 것을 제일의 목적으로 한다.(유년부까지 포함)
4. 가족기도회가 현재보다 배 이상 증가하도록 한다.
5. 사경회에 참여하는 교인 수가 현재보다 사분의 일 이상(25%) 증가하도록 한다.
6. 성경학교 학생 수가 현재보다 사분의 일 이상(25%) 증가하도록 한다.
7. 신보구람자(申報購覽者) 수가 현재보다 배 이상 증가하도록 한다.

37) 박응규,《한부선 평전》, 167쪽.

38) 방위량, 〈진흥운동〉, 91-95쪽.

8. 교역자를 위한 연보(헌금)가 현재보다 배 이상 증가하도록 한다.

9. 전도국을 위한 연보가 현재보다 배 이상 증가하도록 한다.

이상의 결의대로 목적을 달성하기 위하여 자신의 의견을 제안하니 참고하기를 바란다.[39]

위와 같은 내용으로 블레어선교사는 이미 배부한 진흥운동 비교표를 예배당 벽에 붙이고, 목표 수치는 크게 주목할 수 있도록 쓰게 하였으며, 때때로 목표수치를 표시하도록 하였다. 그리고 9개 조의 목표 달성을 위해 교인들에게 이의 실행을 강력하게 강조하였고, 가족기도회에 대해서는 참여자의 명부를 작성하여 이를 실천한 대상자를 교회에 입교시키도록 하였다.

特別 大會集 주일을 정하고, 모든 교인들이 적극적으로 활동하여 단 한 명의 누락자도 없이 전원이 집회에 참여하여 성대하고 은혜로운 예배를 드리게 하였다. 또한 성경공부를 위해서는 매일 과제를 부과하고, 현재의 '구역장'에 해당하는 '신보구람자'를 세워서 모임을 이끌게 하였다. 블레어는 이 운동을 독려하기 위해 《신학지남》에 기고한 글에서, "이를 성공시키는 것은 인간의 노력이나 수고함에만 있지 않고 오직 하늘 아버지의 권능이 임하셔서 성령의 특별한 감동과 감화를 받아야 성공할 수 있음"을 강조하였다.[40] 블레어는 다음 해의 장로회 총회에 보고할 때 소기한 목적 이상의 성과를 얻게 되었다는 사실을 보고할 수 있기를 바랄뿐이라고 진흥운동에 대한 자신의 열정을 피력하였다.[41] 이러한 선교사역을 통해 우리는 블레어가 자신이 사역을 하고 있는 한국을 자신의 나라로 인식하고 있으며 한국인을 형제 자매로 인식하고 있음을 알 수 있다. 그는 한국과 한국인을 주안에서 한 몸이 된 하나의 지체로 인식하는 신앙공동체 의식을 가지고 있었던 것

39) 방위량, 〈진흥운동〉, 93-94쪽.

40) 방위량, 〈진흥운동〉, 94쪽.

41) 방위량, 〈진흥운동〉, 94-95쪽.

이다. 이것은 평양대부흥회에서 성령의 역사가 일어나는데 기폭제가 되었던 그의 설교 중에 나타난 것이기도 하다. 그가 1907년 1월 장대현교회에서 있었던 예배에서 고린도전서 12장 27절 "너희는 그리스도의 몸이요 지체의 각 부분이라"는 성경 본문을 인용하여 설교한 내용 중에서 명확하게 논증한 적이 있다.[42)]

이 진흥운동의 제1차 계획기간은 1919년에서 1926년까지였고, 제2차 계획기간은 1929년에서 1935년까지였다. 이때에 블레어는 진흥운동을 진행시키는 위원장으로서 4년간 활동할 전국 12개 노회의 대표를 각각 3인씩 구성하는 진흥위원회를 조직하였다.[43)] 이날 조직된 위원회에서는 각 장로회별로 이루어진 총회에서 3명과 36명의 진흥운동위원회의 위원이 임명되었고, 이 위원회에서는 이후 3년 동안 실행할 진흥운동의 전도 프로그램을 계획하였다. 그 가운데 블레어는 진흥운동을 위한 포스터와 전단지를 손수 제작하여 각 지역에 이를 적극적으로 홍보 활용하도록 독려하였다. 홍보 포스터 이외에도 블레어는 10장에 달하는 전도용 전도지를 제작하였다. 또한 그는 진흥운동과 관련하여 《그리스도의 생애》라는 전도책자를 만들어서 출판 배포하였다.[44)]

---

42) 박응규, 《한부선 평전》, 146-147쪽. 1907년 1월 부흥회 당시 블레어는 둘째 날인 토요일에 고전 12:27절의 말씀을 낭독하였다. 몸은 하나이요 지체라는 것을 강조하기 위해 지체의 고통을 외면하는 것은 심각한 범죄자로 여길 수 있다는 것이다. 이 말씀의 이해를 위해 자신이 내한한 지 얼마 지나지 않아서 사냥을 나갔다가 총상으로 말미암아 자신의 손가락을 다치는 사고를 당한 것을 실례로 들어 이를 설명하였다. 이때에 그는 자신의 손가락을 회중에게 보여주고, 자신이 손가락을 다치는 과정에서 느꼈던 전신의 고통을 설명하면서 비록 손가락을 다쳤지만 이로인해 전신에 고통을 받았음을 예로 들어 교회에서 어느 한 지체가 상처를 입어도 교회 전체가 고통을 당한다는 하나된 신앙공동체 의식을 가져야 한다고 주장하였다.

43) 변동헌, 전게서, 25쪽.

44) 《미국 북장로교 한국 선교회사》, 287쪽. 이 책자는 四福音書에 나타난 그리스도의 생애에 관한 내용들을 하나의 이야기 형식으로 연결시킨 것이다. 이 책자는 무려 170만 부가 팔렸는데, 이것을 전국의 조직적인 축호 전도용으로 배포하였던 것이다. 그 결과 새 신자들이 교회로 대거 몰려오는 교세 확장 현상이 일어난 반면, 독립운동의 실패로 말미암아 교회의

이 진흥운동의 본래 목적은 영적인 부흥에 있었지만 그 영향력은 개인과 가정생활을 넘어 한국 사회생활의 전반적인 측면까지 두루 미침에 따라 민족의 정치와 문화적인 측면은 물론이고 정신적인 부분을 고양시키는 데에도 크게 기여하였다. 그리고 진흥운동추진위원회에서는 전도지와 책자를 발간하여 가정에서 진흥운동을 위해 기도회와 가정예배로 모여서 함께 동참할 것을 요청하였다.[45] 그리고 교인들에게 전도사역에 동참할 것을 요청하면서 다음과 같은 계획을 세워 구체적이며 체계적인 전도에 임할 것을 주장하였다. 먼저 첫 번째 해에는 특별한 기도와 준비하는 기간으로 정한다. 두 번째 해에는 전도부흥집회를 모든 교회들이 개최하기로 하였으며, 세 번째 해에는 주일학교연합회와 협력하여 주일학교진흥대회를 가지기로 하였다.[46]

블레어는 1921년에는 전국주일학교 연합회 총무를 역임했을 정도로 교육과 전도에 대한 열정이 누구보다 강렬한 인물이었다.[47] 이 진흥운동이 지속적으로 진행됨에 따라 주일학교 연합운동과 주일학교교육이 전국적이고 체계적으로 발전할 수 있게 되었다.[48] 진흥운동의 주요 실행계획 중에 하나는 주일학교 교육을 통해 유아청소년들을 기독교인으로 양육하는 것이다. 주일학교 교육은 기독교 청년들을 양성하고 이들이 교회의 중추로 성장시키

많은 지도자들이 투옥되었던 암울한 정치적 시련기이기도 하였다.

45) 김종부, 《방위량 선교사의 한국선교에 관한 연구》, 고신대학교 선교목회대학원 석사학위논문, 2014.2, 38쪽.

46) 《정금 같은 신앙 *Gold in Korea*》, 105쪽.

47) 조경현, 《초기 한국장로교 신학사상》, 그리심, 2011년, 131쪽.

48) 진흥위원회는 조선주일학교 연합회와 협력하여 세 명의 미국 주일학교 사역전문가들 감리교의 톰프슨(J. V. Thompson) 박사, 북장로교의 알멘트로우트(J. S. Armentrout) 박사 그리고 남장로교의 톰프슨(W.T.Thompson) 박사 일행을 초청하여 6개월 동안 주일학교대회를 전국 각지역에서 열었다. 진흥위원회는 각각 2천명, 3천명, 1만명의 교회대표들이 참석한 "전조선주일학교대회"를 개최하여 전국적으로 주일학교 교육에 대한 관심과 열정을 고조시켰다. 이와 같이 주일학교 교육을 강조한 결과 1930년에는 전국에 2만5천명의 직원과 25만명의 학생을 가진 5천개의 주일학교를 갖는 비약적인 발전을 하게 되었다고 블레어는 증언하였다. 《정금 같은 신앙 *Gold in Korea*》, 105쪽.

는 목표를 가지고 있었다. 이 운동 이후로 전국의 주일학교가 지속적이고도 규모있게 발전하게 되었다. 이 운동을 당시에 감리교회에서는 '백년 전진운동(The Centenary Advance)', 장로교회에서는 '진흥(振興)운동'이라고 불렀다. 블레어는 이 운동을 통해 교회의 교육기관이 새롭게 발전되어진 상황을 다음과 같이 증언하고 있다.

> 한국에서 주일학교 발전의 가장 좋은 일 가운데 하나는 교회의 모든 남녀 청년들에게 새롭고 고무적인 일감을 주었다는 것이다. 교육과 조직의 가장 새롭고 좋은 방법이 현재 일반적으로 사용되고 있다. 주일학교와 교인들의 합창을 크게 개선시키기 위해서 수천 개의 오르간을 구입하고 있다. 주일학교 사업에 훈련을 받은 수천 명의 젊은이들이 현재 전 교회에서 활동적인 지도자로 활약하고 있다.[49]

진흥운동의 실행을 통해 한국교회에서 주일학교 교육이 체계적으로 발전하게 되었다는 사실을 20세기 초기의 주일학교 사역책임자 블레어는 세부적인 실행사례를 통해 설명하고 있다. 교파를 초월한 전국연합주일학교대회를 개최하여 미국전문사역자를 통해 교회지도자들이 체계적으로 교육을 받고 한국교회의 주일학교 교육을 조직적이고 체계적으로 확장시킨 실상을 살펴볼 수 있겠다. 주일학교 조직은 교회 행정 전반에 대한 체계화를 의미한다. 그리고 가정에서 가족들이 모여서 가족기도회를 가진 것은 오늘날의 가정예배가 정착하게 된 계기가 되었다. 그리고 1935년 《신학지남》에 해외선교에 관한 글의 기고를 통해서 블레어가 선교를 통한 하나님의 나라 확장에 얼마나 지대한 관심을 가지고 있었는 지를 알 수 있다. 이 문장에서 그는 해외선교에 대한 책임을 다음과 같이 피력하였다.

---

49) 《정금 같은 신앙 *Gold in Korea*》, 105쪽.

과거 백 년 동안 주의 복음을 받은 여러 나라 교회들이 새롭게 주의 마지막 명령하신 말씀을 기억하고 온 세상 사람들에게 다시 전도하기를 시작하여 전도회를 설립하고 선교사를 보낸 고로 불과 백 년 내외에 시방은 주의 말씀을 듣지 못한 백성이 별로 없을 만치 된 것이다.[50)]

그는 그리스도의 대속의 보혈로 하나님의 자녀가 된 자들은 땅끝까지 복음을 전도할 사명을 받은 것이고, 외국에도 전도할 책임을 받은 자인데, 받는 자에서 다시 나누어줄 수 있는 성숙의 자리에 서도록 하는 것이 선교의 목적이기도 하다는 사실을 지적하였다. 전도는 모든 것을 준비한 후에 행하는 것이 아니라 받은 것의 多寡를 떠나서 주님의 명령에 따른 순종으로 이어져야 한다는 것임을 강조하였다. 때문에 아직 자립하지 못했지만 한국교회가 외국의 전도에 대한 책임의식을 가지고 재정 지원과 선교사를 보낼 것을 주장하면서 신약시대 초대교회인 안디옥교회를 예로 들어 아직 제대로 자립하지 못했을 때, 교회의 두 핵심지도자 바나바와 바울을 파송하라는 성령의 지시대로 그들을 선교사로 파송했던 사례를 들어 외국 선교에 대한 책임의식을 고취시키고 외국선교에 동참할 것을 주장하였다.[51)] 블레어는 전도는 그리스도인의 사명이요 책무임을 강조하면서 국내선교뿐만 아니라 해외선교의 사명까지도 책임져야한다는 확고한 신념을 가지고 있었다. 따라서 진흥운동은 단지 5년 동안 일회에 걸쳐 진행하는 대형 이벤트행사가 아니라 모든 그리스도인에게 맡겨진 의무요 책임이라는 소명의식을 가지고 한국교회의 부흥 발전을 위해 전력으로 매진하였던 것이다.

---

50) 방위량, 〈외국 전도할 책임〉, 《신학지남》 제17권 제6집, 1935년, 338쪽.

51) 방위량, 〈외국 전도할 책임〉, 337쪽.

5장

블레어와 숭실대학

제5장 블레어와 숭실대학

미국 북장로회 선교사로 1901년 9월 12일에 한국에 내한한 블레어는 평양 안주선교부에서 40년 동안 교회를 개척하며 목회 전도사업에 매진하였다. 그는 1907년에 일어난 평양대부흥운동의 주역이었으며 목격자이자 경험자였다. 그는 장대현 교회에서 1월2일부터 1월22일까지 그래함 리 목사, 길선주 장로 등과 함께 사경회를 주도하며 한국교회의 회개와 부흥의 불씨가 되었다. 또한 1919년 3·1운동이 일어나자 평양지방에서 독립운동을 적극적으로 후원하였다. 특별히 그는 조선예수교 장로회 총회의 진흥위원장으로 있으면서 집회와 심방 등 교회진흥을 위한 다양한 방법을 연구하여 1920년대 한국 교회의 진흥운동을 이끈 주역이기도 하였다.[1)]

1930년대 신사참배 거부운동을 주도하여 1942년 일제에 의해 강제로 출국 당했지만, 1945년에는 다시 한국에 돌아와 새롭게 선교활동을 시작하였다. 1946년에 출간된 그의 저서 《정금 같은 신앙 Gold in Korea》에서는 러일전쟁, 을사조약, 국권피탈 등 구한말부터 일제 강점기까지의 격동기 한국의 시대상황을 비롯해 문명에 눈을 뜨기 시작한 한국인의 모습과 초창기 한국 기독교도들의 신앙생활을 선교사의 시각에서 생생하게 서술하고 있다.

제1절 교육선교사역

선교 초기 선교사 중에는 1890년 내한한 사무엘 마펫, 1892년에 입국한 그래함 리, 월리엄 스왈른, 1897년에 내한한 월리엄 헌트, 1900년 찰스 벤하이

---

1) 변동헌, 《그리운 방위량 선교사》, 대구: 도서출판 한빛, 연대미상, 45쪽.

젤, 1901년 윌리엄 블레어, 1902년 찰스 클락, 1906년 와털 얼드만(Walter C. Erdman, 어도만, 1877-1948), 1907년에 내한한 스태시 로버츠(Stacy L. Roberts, 나부열, 1881-1946), 프로이드 하밀톤(Floyd E. Hamilton, 함일돈, 1890-?) 등이 있는데, 이들이 숭실대학과 평양신학교를 설립하고 교수로 사역하면서 한국에 보수신학의 기틀을 마련했던 선교사들이다.

블레어는 평양신학교의 교수와 이사로 재직하였고, 1936년부터 숭실대학이 폐교 위기에 처한 1938년까지 이사장으로 재직하였다.[2] 1901년 내한한 블레어는 숭실학당의 교장인 윌리엄 베어드 선교사로부터 학생들을 가르쳐달라는 요청을 받았다. 그는 서울의 소년학교(후에 경신학교로 개칭)에서 체조와 야구를 가르친 적이 있었다. 얼마 후 평북 안주로 이주한 그는 사무엘 마펫 박사가 세운 조선예수교 장로회신학교(평양신학교)에서 강사로 학생들을 가르쳤다.

숭실학당은 사립 기독교학교로서 구한말 한국의 기독교 신앙에 토대를 두고 인재를 육성하여 사회 발전에 지대한 공헌을 하였다. 숭실학당은 1897년 윌리엄 베어드 선교사가 학당(preacademy class)을 시작하였고 1901년 학당 건물이 지어졌다. 1905년 미북장로회 선교부에서 숭실학당에 단과대학 학부과정(college department)의 설립을 승인하였다. 1907년에는 정부로부터 대학인가를 받은 한국 최초의 대학이 되었다. 그후 일제의 국권 침탈로 식민지 통치 밑에서 기독교학교에서는 예배와 성경과 관련된 교과목의 학습이 금지되었다. 하지만 기독교학교들은 한국교회의 부흥운동 확산에 기폭제 역할을 하였다. 이러한 상황은 평양대부흥운동을 통해 전도에 대한 확고한 열정과 성경 중심의 신앙생활이 한국교회 안에 뿌리내리게 되었다고 블레어는 회고하였다.[3]

---

2) 윌리엄 뉴튼 블레어 저/김승태 역, 《정금 같은 신앙》, 한국기독교역사연구소, 2005년, 128쪽.
3) William N. Blair. More Good News From PyengYang, *KMF* 11:5, May 1915, p.131-132.

평양대부흥회의 불길이 전국으로 확산되는 가운데, 블레어는 1907년 숭실대학에서 부흥회 강사로 초빙되어 말씀을 전하게 되었다. 이 때 블레어는 부흥회에 참가하는 학생들에게 신앙심을 고취시키기 위해 숭실대학의 교가를 작사하였고, 합동찬송가 377장 "우리들의 싸울 것은 군대 아니오"의 곡조에 가사를 붙여 부르게 하였다. 그 후 숭실전문 학생들은 집회가 있을 때마다 이 교가를 힘차고 즐겁게 불렀다고 한다. 교가의 가사는 다음과 같다.

1. 맘들 다 합하고 와 이 노래 크게 해, 우리학교 덕을 이제 광포하는데
화목하는 마음으로 노래부르세, 합성 숭실학교 만세라!
만세 만세 숭실학교 만세! 만세 만세 숭실학교 만세!
화목하는 마음으로 손들 듭시다. 합성 숭실학교 만세라!

2. 하나님의 뜻을 따라 모인 우리들, 열심히 사랑하며 공부할 때엔
화목하는 마음으로 노래부르세, 합성 숭실학교 만세라!
만세 만세 숭실학교 만세! 만세 만세 숭실학교 만세!
화목하는 마음으로 손들 듭시다. 합성 숭실학교 만세라![4)]

이 가사에 나오는 "합성 숭실"은 장로회와 감리회가 합동으로 학교를 경영한다는 의미를 가지고 있다. 장감공동 경영체제는 1910년대에 2년 정도 계속되다가 서울에 연희전문이 세워지면서 막을 내렸다. 이 교가는 대학교만의 교가가 아니라 숭실대학과 숭실중학의 교가였다.[5)] 1906~1907년 사이에 이화학당과 숭실대학의 교가를 작사했을 정도로 블레어는 음악과 예능

---

4) 변동헌, 전게서, 43-44쪽.

5) 禹浩翊, 〈崇實七十年小史--草創期篇〉, 《崇大》 11·12 합병호, 1969년, 200-202쪽. 숭실대학교 100년사편찬위원회, 《숭실대학교100년사》①평양숭실편, 숭실대학교 출판부, 1997년, 153-154쪽에서 인용.

에 조예가 깊었다. 블레어는 1901년부터 일제 강점기까지 평양 숭실대학에서 학원 선교에 앞장서며 후학들을 가르쳤다.

블레어는 숭실대학의 교장인 윌리엄 베어드박사가 연구년으로 휴가를 갔을 때, 찰스 벤하이젤과 조지 매큔을 도와 하루에 4~5시간씩 정치학, 경제학, 지리, 일반 역사 등의 강의를 담당하였다.[6] 그는 순회전도사역에 전념하면서 틈틈이 숭실대학과 평양신학교의 강사로 교단에서 학생들을 가르쳤고, 1930년대에는 두 대학에서 전임교수로 임용되어 교육과 행정에 직접 참여하였고 숭실학원의 재단이사와 이사장으로 1938년 폐교원을 제출할 때에는 학교의 대표자로 일제당국과 교섭하며 행정적 조치를 취하였다.

그리고 그는 기독교학교의 이사로 재직하면서 재정지원을 하는데 많은 역할을 담당하였다. 재정모금을 위해 연구년으로 미국에 체류하고 있던 1909년, 사이러스 맥코믹 부인(Mrs. Cyrus McCormick)으로부터 거금의 기부를 받아 일제의 대학 설립기준을 충족하기 위해 필요한 기숙사건물을 숭실대학에 지을 수 있게 하였다.[7] 1916년 연구년으로 미국을 방문했을 때는 평양장로회신학교의 본관을 지을 기부금을 맥코믹부인에게서 기부받아 평양 서문밖의 신학교 건물을 신축하였다.[8]

1917년에는 일제의 노골적인 압력이 점차 확대되어 개정사립학교령에 따라서 고등보통학교로 인가를 받아야하며, 그러기 위해서는 성경의 교수와 예배의식을 포기해야한다고 하였다. 교과목이 종교와 교육의 분리원칙에 의거할 수 밖에 없지만 학교시설을 관공립학교 수준으로 끌어올리기 위해서는 막대한 재정이 필요하였다. 이때 숭실전문의 마펫 학장은 미국선교부에 재정지원을 요청하였고, 1923년 연구년을 미국에서 보내고 있던 블레어에게

---

6) 윌리암 뉴튼 블레어·브루스 헌트 저/김태곤 역, 《한국의 오순절과 그 후의 박해》, 생명의 말씀사, 1995년, 57쪽.

7) 《정금 같은 신앙 *Gold in Korea*》, 109-111쪽.

8) 《정금 같은 신앙 *Gold in Korea*》, 111-112쪽.

미국 뉴욕에 있는 장로회 해외선교부의 한국담당 총무인 아더 브라운 박사(Dr. Arthur J. Brown)가 기독교 학교가 일본정부로부터 인가를 받기 위해서는 7만5천 달러의 경비가 필요한데, 이일을 미국에 체류하고 있는 블레어에게 위임한다는 연락을 하였다.[9] 인도에서 선교사역을 위해 모금한 경험이 있는 샘 하이겐보텀 박사(Dr. Sam Higgenbottom)가 블레어에게 해준, 기도가 아니면 이룰 수 없다는 충고를 듣고 이를 실천하여 결국 하나님의 도움으로 모금에 성공하여 소기한 기부금을 거둘 수 있었다.[10]

이러한 모금활동은 1929년 숭실학교가 지정학교로 인가를 받기 위해 또 한 번 전개되었는데, 그때에도 미국에서 안식년을 보내고 있던 마펫과 블레어가 경제공황으로 경제적 위기에 처한 미국에서 백방으로 노력하여 모금활동에 성공함으로써 숭실전문이 지정학교로 인가를 받게 되었다.[11] 블레어는 안식년으로 미국에 체류하는 동안 선교지에 기고를 통해 한국교회와 기독교학교의 성장과 발전상을 알렸고, 이를 통해 많은 지인들을 얻게 되었다. 그가 기고한 1907년 평양대부흥회에 관한 한국의 성령강림 사건과 《찬성의 고백》과 같은 문장들은 수많은 미국의 기독교인들을 감동시켰고, 사이러스 맥코믹 여사를 포함한 재력가들의 기부로 이어졌다. 게다가 동역하는 친구 윌리엄 폭스 박사와 헨리 크로웰 선생, 샘 하이겐보텀 선교사와 같은 동역하는 목회자들의 열렬한 지원을 받았기에 한국에서의 교육선교사업을 진행할 수 있었다. 그는 이런 기부금을 모금하는 데에 기도로 하나님의 크신 능력을 경험했다고 고백하고 있다.[12]

---

9) 《정금 같은 신앙 *Gold in Korea*》, 112쪽.

10) 《정금 같은 신앙 *Gold in Korea*》, 113-115쪽.

11) 변동헌, 전게서, 44-45쪽.

12) 인도에서 선교활동을 하는 샘 하이겐보템 박사는 선교기금을 모금하기 위해 난관에 봉착한 블레어에게 충고하기를 "블레어씨, 기도가 아니면 이 돈을 결코 모금할 수 없을 것입니다." 하고 말했다. 나는 이것이 문자 그대로 사실이라는 것을 알았다. 나는 요청받은 금액이 차고 넘칠 때까지 일 년 내내 하나님께서 어떻게 나를 인도하셨나를 이야기한다면, 책 한 권이라도 쓸 수 있었다. 《정금 같은 신앙 *Gold in Korea*》, 112쪽에서 인용.

제2절 문서선교사역

블레어는 복음전도자로서의 사명을 잘 감당하여 많은 교회를 개척하였고 기독교부흥운동을 통해 교인을 증가시켰다. 그는 복음선교를 위해 여러 가지 기독교 문서를 집필 간행하였고, 한국기독교의 선교사역을 알리기 위해 국내외의 선교신문잡지에 기고하고 이를 간행하였다.

그는 1907년 평양대부흥회 기간에 있었던 기독교인들의 회심과 하나님의 섭리를 구한말의 역사를 통해 살펴보게 하는 *Changsung's Confession*을 1959년에 저술하여 캔사스주 토페카의 이브스앤손스에서 출판하면서 영계 길선주 목사에게 이 책을 헌정한다고 밝히고 있다. 김홍만은 이 책을 《찬성의 고백》이란 제목으로 번역하여 출판하였다.[13] 이 책에서는 1907년에 있었던 평양대부흥회 가운데 있었던 실제 인물들 사무엘 마펫, 그래함 리, 윌리엄 스왈른, 윌리엄 블레어, 길선주 장로의 선교 이야기를 다루고 있다. 이 작품의 주인공 한찬성과 박춘화와 같은 인물들은 회개하기까지 죄의 질책을 받으면서 괴로워하고, 죄를 미워하며, 결국에는 온전한 회개를 하는 과정을 문학적으로 섬세하게 묘사하고 있다. 그뿐만 아니라 인물들의 생애 부분을 다룸으로써 하나님의 섭리에 대해 매우 극적이고 문학적으로 서술하고 있다. 또한 이 책은 1900~1910년 사이 한국의 평양과 그 이북지역 덕천, 숙천 등지에서 있었던 한국인의 생활과 당시 교회의 모습을 보여줌으로써 초기 외국인 선교사와 한국인 사역자들이 어떻게 복음을 전하였으며, 예수 믿는 그 믿음의 증거가 그리스도인의 생활 속에 어떻게 증거되었는 지를 보여주고 있다. 예를 들면 제사와 관련하여 그리스도인들이 어떻게 신앙을 고백하였으며, 때로는 우상숭배와 관련하여 어떻게 고난을 받았는가를 보여준다. 믿음의 고백과 실제의 삶이 일치되는 그 당시 그리스도인들의 모습을 볼 수 있는 중요한

---

13) 윌리엄 블레어 저/김홍만 역, 《찬성의 고백》, 도서출판 옛적길, 2002년.

작품이다.[14)] 이 작품은 모두 26장의 편폭으로 서술되었는데, 작자 블레어는 작품 전체의 서술자이고, 작중에서 여러 번 서술자를 바꾸어 스토리를 기술하였다. 제4장부터 제6장까지는 주인공 한찬성의 관점에서 집에서 도망간 이후의 이야기를 서술하였고, 제7장부터 제14장까지는 아내 박춘화의 관점에서 서술하였다. 그리고 제14장에서 제26장까지는 찬성의 시각에서, 또 중간에 춘화의 관점에서, 그리고 작품 전체의 서술인이 전지전능한 관점에서 이야기를 전개하며 온가족을 신앙으로 인도하는 引家歸道의 신앙고백으로 작품의 대단원을 마무리하고 있다. 때문에 작자 블레어는 서문에서 "《찬성의 고백 *Chansung's Confession*》은 세계 교회사 중 가장 위대한 부흥운동 중의 하나인 1907년 한국교회 초기의 평양대부흥운동 가운데 일어난 드라마틱한 이야기"라고 평가하였다. 《찬성의 고백》은 미국의 크리스챤 헤럴드지에 10회에 걸쳐 연재되었는데, 이 잡지의 편집장은 이 잡지가 출간된 이래 가장 위대한 이야기 중의 하나라고 격찬하였으며, 그 편집장의 강력한 권고로 블레어 선교사가 은퇴한 뒤 1959년에 비로소 책으로 출판되었다고 한다.[15)]

블레어는 한국인의 심성을 한국에서 많이 산출되는 "금"에 비유하였는데 한국인의 심성이야말로 불로 정련된 순전한 금으로 복음을 담는 그릇이라고 보았고 한국에서의 선교활동과 한국인의 신앙생활을 회고하여 1946년 *Gold in Korea*라는 제목으로 출판하였다. 이 책은 미국 북장로회 해외선교부에 보고하기 위해 작성한 *The Korea Pentecost and Other Experiences on the Mission*

---

14) 김홍만, 〈역자의 말〉, 《찬성의 고백》, 6-7쪽.

15) 김홍만 역, 〈서문〉, 《찬성의 고백》, 8쪽. "나는 이 작품을 미국 필라델피아에 소재한 미장로교 역사사료 보관실에서 발견하였다. 그리고 이 책을 읽으면서 매우 감동을 받았고, 마지막 부분에 가서는 너무 감동되어 눈물을 흘렸다. 아마도 이 책을 읽는 독자 역시 내가 받았던 감동을 받을 것을 확신한다. 그 감동은 단지 일시적 감동에서 오는 것이 아니라 '하나님께서 우리에게 이토록 큰 사랑을 베푸시는구나'라는 깨달음에서 오는 것이다." 김홍만은 〈역자의 말〉에서 이 작품을 읽고 받은 감동 때문에 이 책을 번역하게 되었다고 한다. 〈역자의 말〉, 《찬성의 고백》, 7쪽. 이 책에는 모두 10장의 삽화가 펜화로 스케치 되었는데 미국 크리스찬 헤럴드지에 연재될 때, 당시의 유명한 삽화가 텔마 구치(Thelma Gooch)가 그린 것을 사용하였다. 〈서문〉, 《찬성의 고백》, 9쪽.

Field[16] 를 개정 확대하였고 일부는 *The Missionary Review of the World*와 *The Presbyterian* 그리고 *Women's Work for Women*에 기고한 문장을 발췌하여 기술한 책이다. 이 책은 김승태가 《정금같은 신앙》이란 제목으로 번역 출판하였다.[17] 블레어는 처음에 평양대부흥회의 성령강림 사건을 위주로 기술할 예정이었으나, 이 사건이 당시의 시대상황과 관련하여 너무 극적이고 이상하였기 때문에 한국교회의 그 이전 역사와 한국에 대한 약간의 설명이 없이는 이해하기 어렵다고 생각하여 한국교회의 역사와 한국생활에 대한 자신의 경험을 기록하게 되었다고 한다. 때문에 *The Korea Pentecost and Other Experiences on the Mission Field* 에 없는 부분을 첨가하게 되었다고 한다. 《정금같은 신앙》은 모두 29장으로 구성되었는데, 제1장, 제4~14장, 제19~29장은 《한국의 오순절과 그 후의 박해》에는 포함되지 않은 부분을 새롭게 기술한 것이다. 이 부분은 제2차 세계대전 중에 신사참배문제로 극에 달했던 극심한 시련과 시험의 시기에 대한 것은 물론이고 진흥운동과 기독교학교의 교육위기에 대한 설명 및 한국과 미국에서의 선교활동들을 추가하여 서술하였다.[18] 그리고 평양대부흥회 중의 경험을 기술한 *My Two Crooked Fingers*를 1964년 듀알트출판사에서 출판하였다.

그는 1920년 6월 제1차 진흥운동시기에 제1호에서 제10호의 전도지를 직접 제작 인쇄하여 전도에 활용하였다. 이 전도지들은 한국교회가 다시 부흥하기 위해 가정과 교회가 기도와 성경공부를 통해 전도에 힘쓰도록 그가 직접 창안한 전도지이자 기도제목이었다. 그리고 1920년에 사복음서에서 여

---

16) 블레어는 1908년 평양대부흥회의 현장에 있었던 감동적인 경험을 집필하여 1977년 *The Korea Pentecost and Other Experiences on the Mission Field* 라는 제목으로 Banner of Truth Trust에서 출간하였다. 이 책은 김태곤이 《한국의 오순절과 그 후의 박해》(생명의 말씀사, 1995년)라는 제명으로 번역 출판하였다.

17) William Newton Blair. *Gold in Korea*. New York: Central Distributing Department of the Presbyterian Church in the USA, 1946. 《정금 같은 신앙 *Gold in Korea*》, 서울 : 한국기독교역사연구소, 2005년.

18) 《정금 같은 신앙 *Gold in Korea*》, 7쪽.

러 부분을 발췌하여 이야기 형식으로 기술한 《그리스도의 생애 *The Life of Christ*》라는 책을 출간하여 축호전도와 교회교육에 사용하였다.[19)]

또한 평양에서 함께 동역했던 사무엘 마펫목사에 대한 회고록 *Precious Memories of Dr. Samuel A. Moffett* 이 있다. 그는 한국선교에 대해 많은 논문을 기고하였는데, 5권의 저서와 27편의 영어논문 그리고 6편의 한국어 선교논문, 수많은 선교전단지와 소책자를 저술 발표하였다.

제3절 블레어와 한경직

블레어는 특히 한국교회에서 현지인을 지도자로 세우는 일을 선교의 주요 목표로 삼았다. 그 결과 수많은 한국교회의 지도자를 양성하였는데, 그 중의 한 명이 1930년대에 《아빙돈 단권주석》을 번역한 한경직 목사이다. 블레어와 한경직의 만남은 한경직이 어린 시절부터 다녔던 그의 고향 평원군 간리에 있는 자작교회에서 이루어졌다. 이 교회는 마펫 선교사가 개척하였고 후에 안주노회 소속이 되었는데, 블레어 선교사가 안주노회의 순회선교사로 파송되어 봄 가을에 한 번씩 담당구역을 순회하면서 학습과 세례를 베풀었는데, 한경직은 그의 회고록에서 다음과 같이 블레어 선교사에 대해 기술하고 있다.

> 그 때 방목사는 청년 선교사로 교회에 오면 언제나 열심히 찬송가를 가르쳐 주셨다. 아직 한국말이 익숙지 않아 좀 이상하게 들리긴 했으나 그 열심에 온 교우는 물론 아이들까지 감동이 되어 설교든 찬송이든 열심히 듣고 따

---

19) 《정금 같은 신앙 *Gold in Korea*》, 104쪽.

라 불렀다.[20)]

그리고 한경직은 1920년 숭실대학교 1학년 가을학기부터 블레어 선교사의 비서로 일하게 되었다. 한경직은 집안 형편이 가난하여 가족의 전 재산인 한 마리뿐인 소를 팔아 학비를 마련하여 숭실대학에 입학하였고, 이 사정을 잘 아는 남산교회의 석근옥 전도사가 추천해 주어 블레어 선교사의 비서가 되었다. 그는 오전에는 공부하고 오후에는 방목사의 비서로 일하였다. 비서로써 지척에서 보고 느낀 블레어선교사에 대해 한경직은 아래와 같이 기술하고 있다.

성격이 활달한 방목사는 한국어도 잘하고 그림도 잘 그려서 연필이든 숯이든 도구만 있으면 칠판에 그림을 그리며 설교하셨는데 아주 재미있었다. 당시 방목사는 조선예수교장로회 총회의 진흥부장으로 섬기면서 집회와 심방 등 교회 진흥을 위한 다양한 방법을 연구하셨다. 자신의 연구를 영어로 쓰면 내가 한국말로 번역해 인쇄해서 전국 교회에 배포했다. 당시는 각 노회에 선교사들이 한 분씩 계셔서 노회내 미조직 교회들을 순회하며 1년에 두 차례씩 학습도 하고 세례도 베풀었다. 내가 어렸을 때 다니던 자작교회에도 방목사가 순회하며 설교했던 기억이 있다. 방목사는 안주노회 선교사인데, 안주노회에는 안주군, 평원군, 계천군이 포함되어 있었다. 안주노회 목사들은 교회 일을 의논하기 위해 종종 방목사를 찾아왔다. 나는 주로 사무실에서 문서를 만들고 영어로 번역하고 인쇄물을 각 교회에 발송하는 일을 했다. 그 때 교회의 행정 업무를 많이 익혔다. 방학이면 방목사는 피서를 떠났는데 그 기간 중에 순회를 못 가는 교회에 나를 심부름 보내셨다. 덕분에 나는 학생시절부터 잘 아는 농촌교회가 생겼다. 방목사의 사모는 '방진주'여사라고 불렀는데 영어 이름이 '진

20) 한경직, 《한경직 구술자서전 나의 감사》, 두란노, 2010년, 48쪽.

주(Pearl)'였다. 간혹 목사님은 언성을 높여도 사모님이 언성을 높이는 일은 없을 만큼 성품이 온순하고 착하셨다. 언제나 부드러운 말씨에 웃는 얼굴이어서 방목사가 화를 낼 때도 분위기를 부드럽게 만들었다. 참 어진 분이셨다. 방목사는 슬하에 딸 셋과 아들 하나를 두셨는데, 나는 그들과 지금까지 만남을 이어 오고 있다. …… 나는 방목사 댁에서 지내는 동안 영어도 배우고 서양 풍속도 배웠다. 또 교회의 여러 지도자들과도 만나고, 교회 행정 업무도 익힐 수 있었다. 방목사 댁에서 지낸 일은 하나님의 경륜 가운데서 장차 목회를 위해 나를 준비시킨 과정이었다는 생각이 든다.[21)]

한경직은 안주노회 선교사의 비서로 노회사무실에 근무하면서 블레어 선교사가 영어로 작성한 문서를 한국어로 번역하고 인쇄하여 전국 교회에 배포하는 일을 담당하였는데[22)], 블레어가 1920년부터 조선예수교장로회 총회의 진흥위원장으로 근무할 때, 한경직을 개인비서로 고용하였다. 그는 블레어 선교사의 비서로 근무하면서 영어와 서양풍속을 자연스럽게 익히게 되었고 이러한 경험은 그의 미국 유학생활과 귀국 후 목회생활에 큰 도움이 되었다고 한다. 비서로 근무하던 한경직은 안주노회의 순회선교사이며 총회의 진흥위원장으로 사역하는 블레어를 찾아오는 한국 교회의 여러 지도자들을 만날 수 있었고 당시에 교회행정을 익힌 경험은 훗날 한경직이 피난시절에 설립한 영락교회(부산영락교회, 대구영락교회, 제주영락교회, 서울영락교회)[23)]에서 목회활동을 하는데 좋은 지침이 되었다고 후에 술회하였다. 블레

---

21) 《한경직 구술자서전 나의 감사》, 98-99쪽.

22) 김학수, 《한경직의 신앙이 한국교회에 끼친 영향에 관한 연구》, 연세대학교 연합신학대학원 석사학위논문, 1994년, 90-96쪽.

23) 영락교회는 월남한 기독교인들이 동참함으로 인해 남한에서 가장 비약적으로 대형교회로 성장한 교회이다. 당시 오순절교회의 교리와 교회운동의 영향력이 점점 확장되어져 가고 있었기 때문에 신학적으로는 교회성장론과 성령론에 많은 관심이 집중되던 시기였다. 김영재, 《한국교회사》, 이레서원, 2004년, 285쪽.

어의 슬하에 있는 1남 3녀의 자녀들은 한경직이 은퇴한 후에도 계속해서 교류하며 가족처럼 가깝게 지냈다고 한다.[24] 한경직은 1954년 숭실대학의 재건을 주도하여 초대 학장과 이사장을 역임하면서 서울 숭실대학의 기초를 닦아놓았다.

제4절 신사참배 거부와 숭실의 폐교

윌리엄 블레어가 20세기 초 평양에서 사역할 당시 내한선교사들의 신학적인 특성은 대체로 근본주의와 개혁주의 신학을 포함한 보수주의 복음신학이었다고 홍치모교수는 평가하였다.[25] 한국기독교 선교 초기의 신앙과 신학은 복음주의적인 신학정신을 바탕으로 《성경》을 하나님의 말씀으로 믿는 절대적인 믿음과 예수 그리스도를 통한 죄로부터의 구원에 관한 복음을 일관성 있게 견지하였다.

블레어 역시 기독교의 신앙과 교회의 본질이 위기를 맞을 때에는 이러한 신학적 입장을 가지고 있었다. "우리는 조선에서 일을 시작할 때 이 백성에게 믿으면 무엇을 얻게 되는 유도(誘導)로서의 기독교가 아니라, 오직 복음, 그것을 주겠다는 한 가지 신념을 가지고 선교에 임했기 때문에 복음만을 들고 백성들을 찾아간 것이다."라고 블레어는 자신의 견해를 피력하였다.[26] 신앙의 진수는 내심에 가지고 있는 진정한 믿음에서 일어나는 신앙의 표현과 고백에서 드러나게 마련이다. 그러므로 기독교의 신앙은 모든 불의 앞에서 타협할 수 없는 것이다. 불의와의 타협은 신앙의 정체성을 왜곡시킬 뿐

---

24) 《한경직 구술자서전 나의 감사》, 99쪽.

25) 홍치모, 〈초기 미국선교사들의 신앙과 신학: 장로교회를 중심으로〉, 《신학지남》, 1984년, 130쪽.

26) 《정금 같은 신앙 *Gold in Korea*》, 83쪽.

만 아니라 신앙의 정통성을 이어갈 수 없도록 신앙의 기초를 무너뜨리는 행위이기도 하다. 신앙의 정통성을 이어갈 수 있도록 모범을 보인 외국인 선교사들과 초창기 한국기독교 지도자들의 모습을 통해 우리는 그리스도의 참된 제자상을 볼 수 있다. 특별히 1930년대 후기 일제의 강압적인 신사참배 강요에 굴하지 않고 신앙의 정통성을 지키며 언제나 하나님의 말씀 앞에 굳게 서 있었던 윌리엄 블레어의 정금 같은 신앙, 순교자적인 신앙모델을 볼 수 있었다.

(1) 신사참배에 대한 입장

기독교의 복음만을 들고 내한하여 전도에 헌신하는 외국인 선교사들과는 달리 일제는 총칼을 앞세워 제국주의의 야망을 채우기 위해 찬탈과 압제의 강도는 갈수록 심화되어가고 있었다. 1930년대 후반부터 일제가 본격적으로 중국대륙을 침략하면서 한반도와 동아시아에는 전운이 감돌았고, 한반도의 정세는 정치적으로 급변하게 되었다. 이런 정치적 상황은 일제가 식민지 초기부터 한국교회를 향해 여러 가지 박해를 가하는 과정에서 찾아 볼 수 있다. 일제는 식민지 탄압을 할 때, 교회와 기독교 학교를 그 첫 번째 대상으로 삼았는데[27], "해서교육총회사건(海西教育總會事件, 1910년)"[28], "105인 사

27) 박응규, 《한부선 평전》, 251쪽.

28) 김영재, 《한국교회사》, 167-168쪽. 1907년 도산 안창호와 전덕기가 반일운동의 일환이자 개인과 교회의 자립 그리고 국가의 독립을 위해 국민계몽운동을 전개할 목적으로 조직한 단체가 신민회(新民會)이다. 여기에 등록한 사람들 대부분은 기독교인들이었다. 이를 배경으로 황해도에서 1908년도에 新民會와 유사한 기관을 조직하였는데, 이것이 해서교육총회(海西教育總會)이다. 이 단체 역시 회원은 대부분이 기독교인들이었고, 전덕기 목사가 시무하는 상동감리교회는 독립운동의 요람 역할을 하게 되었다. 이러한 활동을 하는 교회 지도자들의 행보는 정치적인 일을 교회와 연관을 짓지 않으려 했던 외국인선교사들의 노력에 반한 것이었다. 이것이 결국 교회를 정치적인 사건과 연관시켜 정치문제로 비화되면서 교회는 일제의 탄압대상이 되었고 교회는 커다란 시련을 겪게 되었다. 그 후에는 일제가 신사참배 문제를 확장시켜 기독교에 대해 강압적인 종교탄압을 가하였다.

건"[29]과 같은 여러 가지 사건을 조작하고 날조하여 기독교와 교인들을 탄압하였다. 그리고 3·1독립운동에 가담한 기독교 신자들에게 가혹한 처벌을 가하였다. 이렇게 지속적인 박해를 받은 한국교회는 만주와 시베리아 등지로 흩어지게 되었고, 그들이 전한 복음으로 인해 그곳에도 많은 신자가 증가하게 되었다.[30]

이러한 시대적 상황 속에서 외국인 선교사들은 교회를 든든히 세우기 위해서 사랑과 인내를 강조하였다. 이 고난의 시대에 하나님의 말씀을 나라 잃은 백성들에게 전해 주려면 지혜와 용기가 필요했다. 하지만 이 보다 더 중요한 것은 그들에게 신앙과 행동이 일치된 실천의 모범을 보여주는 것이었다. 그런데 이러한 신앙의 모범을 보여주는데 가장 큰 걸림돌이 있었으니, 그것은 바로 신사참배문제였다. 신사참배는 처음에 학생들을 일제에 충성하는 황국신민으로 만들기 위한 일환으로 시행되었다. 그러나 나중에는 군부세력이 1931년에 만주침공과 1937년 중국과의 전쟁에서 일본을 향한 충

---

29) 《정금 같은 신앙 *Gold in Korea*》, 98-100쪽. 이 책에서 당시 선교사들은 한국교회가 정치적 운동에 관여하지 않도록 노력해왔지만 한국의 일부 교회지도자들은 교회가 대부흥운동을 통해 정화 부흥된 것을 이해하지 못하고 외국인 선교사들을 자신들이 속한 국가의 정치적인 대리자로 여겼기 때문에 일제는 기독교 사회운동을 정치적인 문제에 결부시켜서 기독교 지도자들을 체포하였다. 1910년 이토오 히로부미가 암살된 직후 일본헌병들이 해서교육총회 회원들을 모두 체포하였고 이어서 신민회를 타도하기 위해서 사건을 날조하여 신민회를 탄압하였다. 1911년 9월부터 관련자를 체포하기 시작하였으며 그 다음해에 재판을 진행하였다. 1912년 가을에 총독을 살해하려는 음모가 발각되었는데, 이의 배후에 미국선교사들이 연루되었다는 소문을 퍼뜨려서 고소할 증거를 확보하려 하였다. 당시 123명이 기소재판을 받았고 심한 고문으로 자신의 죄를 허위 자백한 사람도 있었다. 그러나 강압적인 고문에 못 이겨서 거짓 자백을 한 것이라고 검사 앞에서 말함으로써 이슈화되었지만 일제는 신문에 보도를 금지시켰다. 서울의 재판장에서 3명의 법관들 앞에서 자신의 웃옷을 벗어 강제로 고문을 당한 증거를 보여주었다. 하지만 한 명의 법관은 124명이 기소되었는데, 왜 123명뿐이냐면서 그 한 사람이 자백하였기 때문에 그 사람이 석방되었다는 말을 하면서 강제로 이 사건을 종결지었는데, 105명에게는 유죄를 선고하여 10년 형에 처할 6명을 제외하고는 99명이 석방되었던 사건이다. 블레어는 이 사건을 통해 선교사와 교회에 대한 일제의 의혹이 해소되었고, 이후에는 개선된 관계를 유지할 수 있었다고 술회하였다.

30) 박응규, 《한부선 평전》, 266-267쪽.

성심을 끌어내기 위해 모든 사람들에게 강요하게 된 것이다.[31)]

신사참배문제는 일본이 조선을 침략한 이후부터 점진적으로 대두되었다. 1919년 7월 2일에 조선의 본산이 될 신사를 서울 남산에 착공하여 1925년에 완공하였고 조선신궁(朝鮮神宮)이라는 이름을 붙였다.[32)] 이때부터 총독부는 일면일신사주의(一面一神社主義) 정책운동을 전국적으로 확대하였다.[33)] 그리고 신사참배는 황국신민으로서의 의무를 넘어 이제 교회 전체에까지 영향을 미치게 되었다.[34)] 급기야 일본 정부는 1938년 9월에 한국장로회 총회의 총대들에게 신사참배의 당위성을 설명하고 적극적인 협조를 요청하였다.[35)]

신사참배 강요가 노골적으로 이루어지면서 일본의 군경들은 교회와 교단을 직접적으로 간섭하기 시작했다. 그들은 신사참배를 통해서 한국 기독교의 근간을 흔들고 교회의 활동을 제약하려고 하였다.[36)] 이렇게 일제의 "민족동화운동"의 일환으로 전개된 신사참배는 한국 교회에는 피할 수 없는 위기로 다가왔으니, 신사참배문제로 인해 한국 교회와 기독교 학교는 존립의 시련과 기로에 몰리게 되었다. 교회의 한 편에서는 이러한 위기를 임기응변으로 모면하려고 신사참배에 적극 동참할 것을 유도하는 지도자와 또 다른 일각에서는 신사참배에 필사적으로 반대하는 지도자로 양분되어 장로회 총회에서 격렬한 논쟁이 일어났다. 그런데 장로회 총회의 전 과정은 일제 경찰들의 삼엄한 감시와 간섭 때문에 불법으로 진행되었다. 1938년 9월 9일 평양의 서문밖교회에서 열린 제27회 한국중로회 총회에서 총회장으로 임명된 홍택

31) 박응규, 《한부선 평전》, 268쪽.

32) 김영재, 《한국 교회사》, 210쪽.

33) 이상규, 《한국교회 역사와 신학》, 195-196쪽.

34) 이상규, 《한국교회 역사와 신학》, 195쪽. 신사참배 강요는 일제의 "국민정신총동원운동"의 일환임과 동시에 한국 기독교교회를 약화시키고 분열시키려는 목적이 있는 것으로 평가하였다.

35) 《정금 같은 신앙 *Gold in Korea*》, 130쪽.

36) 박응규, 《한부선 평전》, 251-253쪽.

기 목사는 미리 짜놓은 각본대로 총대의 신사참배는 우상숭배가 아니라 국민의례라는 발언으로 시작하였다.[37] 이때 홍목사는 이 안건에 대해 동의만 물은 상태로 가결하였고, 이것이 부당하다는 것을 감지한 블레어선교사는 회장인 홍목사에게 발언권을 요청하였으나 거부당하고 말았다.[38] 그는 발언권을 얻지 못하자 "이 조치는 하나님의 법과 교회의 법을 어기는 것이므로 반대한다"는 자신의 의사를 회의록에 기록해 줄 것을 요청하였다.[39] 이때 블레어의 이러한 발언에 동의하고 주변에 있던 프렌시스 킨슬러(Francis Kinsler)와 해리 제임스 힐(Harry James Hill) 등 8~10명 정도의 다른 선교사들이 함께 이러한 발언 내용을 회의록에 기록해 줄 것을 요구하였다고 한다.[40] 홍택기 목사는 이미 정해진 역할에 따라 '예'라고 대답한 몇 사람의 동의로만 안건을 통과시키는 잘못을 범하였으니, 이 날은 한국교회가 수치스러운 결정을 한 불법 총회의 날이 되고 말았다. 이때 일본 경찰들은 총회의 결정에 대해 정당성을 부여하기 위해 "이제 총회에서 조치를 취했으니, 더 이상 거부하는 것은 가만두지 않겠다."며 신사참배를 거부하면 교회 탄압을 불사하겠다는 선전 포고를 하고는 즉시 총회에 모인 총대들을 강제로 해산시켰다.[41] 블레어의 사위 브루스 헌트(한부선)는 불법적인 회의진행에 대한 항의 발언으로 인해 일본인 형사의 엎어치기로 총회장 바닥에 나동그라지는 수모를 겪으며 끌려 나갔다. 이날의 총회에 대해 이상규교수의 《한국교회 역사와 신학》에서는 다음과 같이 언급하고 있다.

---

37) 김영재, 《한국교회사》, 218쪽.

38) 박응규, 《한부선 평전》, 246쪽; 이 회의석상에서 블레어는 "의장, 이 동의안에 대해 말하고 싶습니다. 그렇게 하도록 허락해 주십시오."하고 발언하였지만 허락을 얻지 못하였다. 그러자 블레어는 "이 조치는 하나님의 법과 교회의 법을 어기는 것이므로 반대한다고 회의록에 내 이름을 기록해 주시기를 요청합니다."라고 말하고 앉았다. 《정금 같은 신앙 *Gold in Korea*》, 132쪽.

39) 《정금 같은 신앙 *Gold in Korea*》, 157쪽.

40) 《정금 같은 신앙 *Gold in Korea*》, 132-133쪽.

41) 《정금 같은 신앙 *Gold in Korea*》, 133쪽.

> 신사참배가 총회에서 공식적으로 가결되자 불참배자들에 대한 탄압 또한 가중되었고, 배교와 굴욕행위도 더욱 심해졌다. 1938년 이후 소위 시국인식이란 이름하에 행해진 기독교계의 친일행각은 황민화정책을 묵종하는 것으로서 신사참배는 당연시되었다.[42]

이날 제27회 총회의 불법성에 대한 항의문을 윌리엄 헌트가 작성하였고, 블레어를 비롯한 여러 명의 내한선교사들이 이 항의문에 서명하여 총회장에게 전달하였다.[43] 이 항의문서는 제출되었지만 총회록에 기록하지 못하도록 경찰이 제지하였고 신사참배 반대자들을 교회법을 인정하지 않는 광신자로 몰아 일제에 반역하는 자들로 매도하였다.[44] 이러한 사태를 바라보면서 블레어는 "이제 모든 사람은 독자적으로 처신해야 하며, 한국교회는 바야흐로 '결단의 골짜기'에 당도했다"고 말하였다. 이는 한국 교회에 다가올 시련을 예측하게 해주는 신호탄과 같은 사건이었다.

이렇게 블레어는 신사참배를 결의하는 총회석상에서 두려움에 사로잡혀 모두가 침묵하고 있을 때, 사람을 의식하지 않고 하나님 앞에서 불의에 대해 '아니요'라고 분명히 말할 수 있는 용기를 가진 신앙인이었다. 그는 하나님 이외의 어떤 대상에도 경배할 수 없다는 확고한 신앙관을 가지고 일제의 신사참배를 거부함으로 신앙의 속박에 대한 항거와 신앙의 자유를 부르짖으며 한국 기독교인들에게 신앙에 기초한 도전과 용기를 불어넣어주었다.

(2) 신사참배 거부와 숭실의 폐교

한국교회는 선교 초기 20년간 청일전쟁, 러일전쟁 등의 전란과 국권침탈을 겪으면서 격동과 시련을 겪었지만, 1907년 평양 대부흥회를 계기로 급

---

42) 이상규, 《한국교회 역사와 신학》, 197쪽.

43) 박응규, 《한부선 평전》, 247쪽의 각주 27) 참조.

44) 《한국의 오순절과 그 후의 박해》, 110쪽.

성장하게 되었다. 국권침탈 후에 일제는 교회와 기독교 지도자들에 대한 탄압을 가하였고, 한국교회가 발전하지 못하도록 갖가지 정치적 음모를 획책하였다. 교회의 위기는 1907년 이후 독립적인 한국교회의 설립과 함께 찾아오기 시작하였다.[45] 교회가 성장하면서 신학을 공부하는 사람들이 늘어나게 되었고, 급기야 감리회에서는 개방적인 신학을 받아들이기 시작하였다.[46] 내한선교사들과 한국의 목사들에 의해 새로운 신학이 유입되었고 자유주의 신학을 옹호하는 지도자들이 생겨나게 되었으며, 일제에 의해 강제로 통합된 새로운 신학교가 건립되는 급진적인 변화가 나타나면서 한국교회는 차지도 덥지도 않은 신앙의 중간지대가 생겨나게 되었다. 이것을 어떤 이는 '한국교회의 바벨론 시대(1932-1960)'라고 지칭하기도 하였다.[47]

신사참배 참여를 총회에서 가결한 이후 미국 남장로회 선교회는 1938년 9월 28일에 '조선예수교장로회'의 탈퇴를 결의하였고, 이어서 북장로회 선교회 역시 1938년 10월 5일에 탈퇴를 결의하였다.[48] 이전에 감리교신학교는 신사참배 반대와 일제의 종교정책에 대해 반대하는 전단지를 배포했다는 이유로 무기한 휴교 조치가 내려졌다.[49] 이를 기화로 신사참배 반대운동이 대대적으로 전개되었는데 평양의 산정현교회가 이 운동을 주도하였고 산정현교회의 담임목사 주기철 목사는 신사참배 반대운동의 중심인물이었다.[50] 이 운동에 참여한 중심인물들은 교회의 지도자들과 내한선교사들이었다. 당시에 신사참배를 거부한 숭실전문 학장 매큔 박사와 숭의여중 교장 스누크 선교사에게 도지사가 신사참배를 할 것을 강요하면서 동참하지 않

45) 《정금 같은 신앙 *Gold in Korea*》, 78쪽.

46) 김영재, 《한국교회사》, 197쪽.

47) 한국기독교 장로회 역사편찬위원회, 《한국 기독교 100년사》, 45-46쪽.

48) 김영재, 《한국교회사》, 219쪽.

49) 김영재, 《한국교회사》, 219쪽.

50) 김영재, 《한국교회사》, 220쪽.

으면 한국에서 진행하는 교육사업과 이에 관련된 모든 자격을 박탈하고 일체의 교육활동을 불허하겠다고 선포하였다. 그러나 그들은 이에 대한 답변으로 《고린도전서》 8장 4-13절의 말씀을 인용하며 우상 숭배에 참여하지 않겠다고 선언하였다.[51] 이러한 답변에도 불구하고 여전히 일제는 학생들에게 신사참배를 강요하였다. 일제는 신사참배를 거부하는 자들을 투옥하거나 심한 고문과 압박을 가하였다. 결국 한국교회는 일제의 강압에 못 이겨 장로회 총회에서 공식적으로 굴복하였다. 총회의 결정이 있은 후부터는 사경회와 총회, 노회 등의 모든 교회활동은 신사참배를 한 후에 진행하였고 그렇지 않으면 집회를 열 수 없게 되었다. 블레어는 이런 정치적 압제 속에서 선교활동을 계속하였다.

제27회 총회에서 불법적으로 신사참배를 가결한 이후로는 교회의 모든 집회가 당국의 허락을 받아야 했는데, 신사참배를 할 경우에만 집회가 허락되었다. 불법 총회 이후 '기도일 사건'으로 말미암아 북장로회 선교부의 선교사 15명이 강제로 출국당하는 사건이 발생하게 되었다. 당시 블레어의 동생인 헐버트 블레어 목사는 한국교회 연합회장을 맡고 있었으며, 세계 여성들의 연합됨을 기뻐하면서 세계기도일을 전국의 교회가 지키도록 하였다.[52] 이때 일제는 기도 순서지에 '세계 평화를 위한 기도' 라는 내용을 발견하고는 당시 일본이 중국과 전개하는 대동아전쟁을 지지하지 못하도록 분리하려는 "고의적인 계략"이라며 이를 문제 삼았다. 이 일로 말미암아 헐버트는 10일 동안 구류를 당하였고 얼마 후에 강제로 출국 당하게 되었다. 이와 같이 한국교회는 신사참배 반대운동으로 인해 큰 시련과 고통의 시간을 보내야 했다.

1938년에 강요된 신사참배 가결을 위한 장로회의 불법 총회가 개최된 이

---

51) 《정금 같은 신앙 *Gold in Korea*》, 124-126쪽.

52) 《정금 같은 신앙 *Gold in Korea*》, 135-136쪽.

후 기독교학교와 선교활동은 중단될 위기에 처하였다. 신사참배 반대에 관한 운동을 제대로 전개해보기도 전에 장로회 선교부는 진퇴양난에 빠지게 되었고 선교부는 다음과 같은 조치를 취하게 되었다.

> 우리는 선교부 학교를 유지하고 처음 설립할 때 가졌던 교육 목적과 이념의 유지가 갈수록 힘들어진다는 것을 인정한다. 선교부가 세속 교육에서 철수하는 정책을 승인하도록 권고하기 위해서는 시간이 좀 필요할 것이다. 그것은 또한 학교 경영과 재산의 처분과 이용에 관한 문제를 포함할 것이다. 여기엔 당국의 관리들과 긴밀한 협조가 필요하다.[53)]

위의 내용은 장로회 선교부의 결정문을 미국 선교본부에 보내어 위험한 상황에 처한 한국 선교부에 특별대표의 파견을 요청하기 위한 것이었다. 필리핀 선교부의 제임스 로저스 박사와 중국선교부의 폴 에보트 박사는 선교본부를 대표한 전권위임대표로 한국 장로회 선교부 회의에 참석하여 교육사업에서 철수하는 조치를 전격적으로 승인하였다. 교회와 기독교학교에서 기독교 교육이 이루어질 수 없도록 일제가 강압적으로 압박을 가한 결과였으며, 외국선교사들 역시 같은 상황에서 더 이상 선교활동과 교육활동을 할 수 없게 되었다.

1936년 7월 서울에서 개최된 미국 북장로회 선교사대회에서 1938년 3월 말까지 새로운 경영자가 나서지 않으면 학교를 폐쇄한다는 결의를 통과시켰다. 신사참배 거부로 매큔 학장이 강제 출국 당한 숭실전문이 포함된 기독교 학교의 폐교를 결의하였다. 비록 일제와의 타협을 통해 학교의 명분을 유지하고 폐교의 위기는 모면할 수 있었지만 기독교 교육과 예배를 배제한 일반교육만을 위한 학교 운영은 하지 않는 것이 낫다고 판단하여 세속적인 타

---

53) 《정금 같은 신앙 *Gold in Korea*》, 150-151쪽.

협을 하지 않고 자진 폐교를 결정하였던 것이다.

다각적인 노력을 하였으나 학교 인계문제는 희망이 없어졌고 조선선교회 실행위원장 홀드크로포트는 10월 21일에 총독부 학무국을 방문하여 장로회선교부의 교육 탈퇴 결의를 설명한 뒤, 1937년 10월 21일 평양선교분회를 개최하여 폐교 절차를 밟았다. 10월 29일에는 숭실, 숭의, 숭실전문학교 폐교원을 제출하였다. 폐교원에 숭실학교는 블레어 선교사가, 숭의학교는 라이너 선교사, 숭실전문학교는 밀러(E. H. Miller) 선교사의 명의로 작성되었다. 그러나 당국은 폐교원에 이름 표기가 잘못되었다는 이유로 삼숭 재단이사회에 서류를 반송하였다. 재단이사회는 즉시 이를 수정하여 11월 29일 다시 접수시켰으나 거의 두 달 동안 납득할만한 해명도 없이 폐교의 승인을 보류시켰다. 그리고 1938년 1월 20일 블레어 선교사와 라이너 선교사를 회의에 소집하여 삼숭의 학교 시설물을 일제 당국에 2년 동안 임대하라고 요구하였다. 블레어와 라이너 선교사는 미국선교본부에 이 사실을 보고하고 승인을 요청하였다. 2월 22일 미국선교본부에서 당국의 요구를 승인한다는 전보를 보내왔고, 학교시설에 대한 임대계약이 체결된 후 1938년 3월 19일, 삼숭학교 대표자들은 평남지사 우에우찌(上內)로부터 학교 폐교 승인서를 교부받았다.[54)]

매큔 학장이 출국한 뒤, 블레어는 재단이사장으로 숭실학원을 직접 경영하였고, 폐교 결정 이후에는 1938년 3월 4일에 거행된 전문학교의 마지막 졸업식을 주관하여 학생들이 졸업할 수 있도록 학교 교육과 행정을 주도하였다. 그리고 학교시설물은 임대계약 기간이 만료되고 1년 5개월이 지난 1941년 9월에 대운동장과 함께 평양선교부에 반환되었다.[55)] 블레어는 이런 정치적 압제 속에서 선교활동을 계속하였다. 1942년 일본은 미국과의 태평양 전

---

54) 《숭실대학교100년사》①평양숭실편, 517쪽.

55) 변동헌, 전게서, 49-50쪽.

쟁을 앞두고 한국에서 사역하는 외국인 선교사들을 전부 추방하였다. 블레어는 1942년 6월 강제로 미국으로 추방되었고, 동생 헐버트는 1941년 11월에 한국에서 추방되어 필리핀으로 갔다가 포로수용소에서 사망하였다. 그리고 해방 후에 다시 한국에 입국하여 북한에 교회를 재건하고자 하였으나 소련군정의 방해로 선교계획은 완전히 무산되었고 블레어는 대구지역에서 선교사로서 한국에서의 마지막 선교활동을 마무리하였다.

6장

맺는말

제6장 맺는말

윌리엄 뉴튼 블레어는 1901년 9월 10일 내한하여 1947년 7월 대구선교지부에서 은퇴하기까지 46년간 한국에서 사역했던 미국 북장로회 선교부 소속 선교사이다. 그는 한국의 평양과 서북지방에서 교회 개척과 문서사역 및 교육사역에 헌신하였다. 그는 1907년 "평양대부흥회" 당시 부흥회의 설교자이며 인도자였고, 1909년부터 일어난 "백만인 구령운동"과 1919년~1933년 사이에 전국적으로 진행된 제1·2차 "기독교 진흥운동"에서도 진흥위원장으로 주도적인 역할을 담당하여 한국교회를 부흥 발전시켰다. 조경현은 그의 저서 《초기 한국장로교 신학사상》에서 블레어를 "부흥운동가"라고 평가하며 다음과 같이 블레어의 생애와 선교사역을 소개하였다.

그는 평양대부흥이 일어난 현장에 있었던 목회자였다. 그는 전도와 부흥에 열려있던 선교사로서 부흥 현장의 경험을 가지고 《한국의 오순절》과 《한국의 오순절과 그 이후의 고난들》(사위 한부선과 공저)이라는 책을 집필하기도 하였다. 방위량 선교사는 서북지역을 중심으로 전도 및 교회 설립 사역, 숭실 대학과 평양장로회 신학교의 교수사역을 통해 한국교회에 기여한 바가 크다. 방위량은 1876년 캔자스주 샐리나에서 태어난 듯 하다. 그의 조상은 1718년 미국으로 이주한 스코틀랜드 및 아일랜드계 이민자였으며 독립전쟁에 참전했던 알렉산더 블레어의 후손으로 장로교 전통이 강한 경건한 가정에서 성장했다. 그는 웨슬리안 대학을 졸업하고 1901년 5월 맥코믹 신학교를 졸업한 후, 6월에 에디스 앨렌과 결혼하고 그해 9월 10일에 미국북장로회 선교사로 파송을 받아 한국에 도착하였다. 1901년 평양주재 선교사인 소안론 목사가 미국 시카고를 방문하였다. 그때 방위량은 신학교 4학년 학생으로서 졸업을 앞두고 있었는데, 어느 월요일 저녁 소안론의 선교에 관한 특강을 들었지만 특별한 감흥이 없었다. 소안론 선교사가 그날 밤 자정 방위량의 숙소에 찾아와 선교사 지원을 요청하였고, 그는 여러 가지 이유를 들어 거절하였으나 한 가지 조건을 걸었다. 그것은 그의 약혼녀 에디스가 허락하면 선교사로 가겠다고 대답하였다. 그런데 그녀는 방위량의 생각에 적극 동의해 주었고, 그 사건으로 결국 한국에 선교사로 내한하게 되었다. 그는 주로 서북지역의 안주, 순안, 석천, 영우, 선천, 개천 등지에 약 57개의 교회를 개척하였으며, 한국교회의 기독교 교육에 공헌한 바가 크다. 또한 1906, 1907년에는 이화학당과 숭실학당의 교가를 작사하였으며, 1921년에는 전국주일학교 연합회 총무를 역임하기도 하였다. 1937년에는 평양 장로회신학교 교수로 임명을 받아 사역을 하다가 1942년 일제의 종교탄압으로 강제 귀환하게 되었다. 방위량은 1901년 한국에 도착한 후 먼저 언어를 익히는데 시간과 정력을 쏟아 그 결과 2년만에 한국어로 자유롭게 전도와 설교를 할 수 있었다. 언어를 익힌 다음 그는 마포삼열 선교사와 함께 서북지역을 순회하면서 선교 상황을 파악하고 안주지역을 중심으로 사역을 시작하였다. 안주에서 방위량은 젊은 열정과 에너지를 사역에 쏟아 부었다. 단시일 안에 안주에서는 기독교 신자가 증가하여 교인들과 함께 조그마한 집을 장만하여 '예수교'라는 간판을 걸고 교회를 시작하였다. 일요일에는 예배드리러 오는 이들을 안내하기 위해 태극기를 게양하기도 하였다. 교회는 점점 부흥하여 교회 내에 지도자가 세워지면 그는 복음을 전하는데 전념하였다. 그는 서북지역의 여러 곳을 다니면서 복음을 전하는데 진력하였는데, 그의 간증에 따르면 "요즘 우리는 거의 여관에서 잔 일이 없다. 현재 나의 구역 안에는 57개나 되는 교회들이 있을 정도로 교회활동은 성장해 왔다. 한 번 순회하는데 꼬박 두 달이 걸린다. 많은 교회들은 매주 출석하는 교인의 수가 수백 명이 될 정도이다. 내가 40년 동안 변함없이 맡아 온 5개 군에는 현재 약 만 명의 기독교인들이 있다." 그가 한국교회의 성장과 부흥을 위해 얼마나 힘썼는지를 알 수 있는 대목이다. 그러는 가운데 1904년 러일전쟁이 발발하여 사역에 어려움을 겪게 되었다. 하지만 하나님의 섭리로 한국교회 가운데 부흥의 역사를 허락하시어 1907년 1월 2일 주일부터 시작된 남성부흥회를 기점으로 평양에 대부흥의 역사가 시작되었다. 이때 방위량은 부흥의 현장에 있으면서 성령의 폭발적인 역사를 직접 체험하였고, 그 여세를 전국에 확산시키는데 크게 기여하였다. 방위량이 평양 장로회신학교 강단에 정식으로 취임한 때는 1937년이다. 하지만 1905년부터 1908년까지 강사로 섬겼으며 1937년부터는 본격적으로 신학교 사역에 주력하였다. 특히 그는 신학교 초창기부터 이사회의 이사로 재정을 동원하는 일에 애를 많이 썼다. 그가 안식년에 미국에 가면 먼저 기독교 학교의 재정 모금운동에 주력하였는데 이 때 시카고의 사이러스 맥코믹 여사는 한국선교, 숭실대학, 장로회신학교에 든든한 후원을 아끼지 않았다. 그녀의 기부로 1908년에 평양 장로회신학교 건물이 아름답게 건축되었다. 이후로 평양 장로회신학교가 계속적으로 발전을 거듭하였지만 일제의 신사참배 강요로 1938년 폐교될 위기에 처해졌다. 그해 가을 에 무기한 휴교에 들어가면서 학교는 폐교되었고, 방위량 역시 일제의 억압에 시달리다 1942년 본국으로 강제 추방되고 말았다. 하지만 일제로부터 해방이 되어 그는 1945년에 다시 내한하여 대구에서 사역하다 1947년에는 평양을 방문하여 그가 사역했던 여러 교회를 다니면서 설교사역을 하였으며 이것이 그의 한국에서의 마지막 사역현장이었다.[1)]

1930년대 후기 일제의 신사참배 강요에 따른 탄압과 박해를 받는 가운데에도 결연히 신사참배를 거부하다가 1942년 일제에 의해 강제로 출국을 당하여 미국으로 돌아갔다. 그러나 한국이 해방되자 1945년 9월에 다시 내한하여 대구지방 선교부에서 약 2년간 선교 활동을 하였다. 그는 한국교회의

---

1) 조경현은 그의 저서 《초기 한국장로교 신학사상》에서 방위량을 "부흥운동가"라고 지칭하였으며 제3장 〈평양 장로회신학교 교수단 프로필〉에서 12번째 교수로 윌리엄 블레어를 소개하였다. 위의 소개는 필자가 일부를 축약하고 내용을 수정하여 기술한 것이다. 조경현, 《초기 한국장로교 신학사상》, 그리심, 2011년, 130-133쪽.

개척사업과 기독교 교육사업에 지대한 공헌을 하였으니 장로회 평양선교지부를 중심으로 한 서북지역의 5개군을 관할하며 57개의 교회를 개척하였고, 1901년부터 숭실학당과 평양신학교, 교회의 주일학교에서 교육사업에 헌신하였다.[2] 그는 1901년부터 숭실학당에서 체육과 음악을 가르쳤고, 1920년에는 숭실전문과 평양신학교의 건물 건립을 위해 미국에서 모금활동을 전개하여 상당한 성과를 올렸다. 1930년대에는 숭실전문의 교수로 재직하면서 후학을 양성하였고, 숭실전문이 신사참배를 거부하고 자진 폐교할 때에는 재단이사장으로 재직하면서 학교 운영에 참여하는 등 숭실전문의 교육, 행정에 직접 참여한 경영자이기도 하였다.

블레어 선교사는 하나님의 부르심에 순종하여 선교의 사명을 잘 감당한 20세기 초의 걸출한 내한선교사이다. 한국에서 그의 선교사역은 매우 각별한 업적을 남겼고, 그는 영어와 한국어로 적지 않은 논저를 저술 출판하여 20세기 초 한국과 초기 한국기독교를 국내외에 알려주었다. 특히 한국인의 심성에 대한 그의 평가는 한국교회에 앞으로 하나님의 선교사업을 위해 한국인이 어떠한 자세와 행동을 해야 되는지에 대한 모델을 제시해주었다. 한국은 과거에는 광물질이 많아서 외세의 침략의 대상이 되었다. 그럼에도 불구하고 한국인들의 심성은 세상의 가치로 평가할 수 없는 순전한 "금"과 같은 빛나고 정결한 것이라고 평가하였다. 이 "금"은 복음을 위해 한 지체로서 몸을 세우는 일인 선교를 위해 사탄과의 영적인 싸움에서 승리할 수 있는 권능이다. 이 권능은 마귀와 싸워서 승리할 수 있는 능력과 권위를 부여 받은 것으로 볼 수 있다. 왜냐하면 금은 단련되면 단련될수록 더욱 순결해지기 때문이다. 이와 같이 한국은 태생적으로 복음을 수용할 수 있는 순결한 마음 밭을 가지고 있었을 뿐만 아니라 1912년 장로회 총회가 조직되자마자 이미 선교적인 비전을 가지고서 선교 받는 국가에서 선교하는 국가로 도약할 수 있

2) 김승태역, 《정금 같은 신앙*Gold in Korea*》, 한국기독교역사연구소, 2005년, 39쪽.

었다. 이런 선교비전은 내한한 외국인 선교사들 모두의 수고와 헌신으로 건립된 한국 교회를 하나의 단일 신앙 고백 위에 굳건히 세워놓은 그들의 선교업적에서 찾을 수 있다. 내한선교사들은 초기부터 네비우스 선교방법을 철저하게 수용하고 실천에 옮겼는데, 바로 블레어 선교사는 교회를 세우고 전도하는 모든 선교사역에 이 원리를 철저하게 적용하여 自給, 自傳, 自治를 강조하고 실천했던 사역자이다. 그리고 네비우스 원리에 따라 교회 자치권을 한국인 지도자들에게 올바로 이양해 준 결과, 그는 57개의 교회를 설립하여 순회 관리할 수 있었던 것이다. 김종부는 그의 석사논문에서 블레어의 한국 선교사역을 10가지로 정리해 놓았다.

1. 그는 평양대부흥운동의 주역이자 목격자로서 내한선교사들 가운데 유일한 산증인이었다.
2. 그는 학교교육에 있어서 탁월한 교사로서 한국 교육계에서 체육과 음악 교육의 선구자였다.
3. 신학대학 교수로서 한국에 보수신학을 전수한 성경공부와 기도로 교회 건설에 탁월한 업적을 남긴 공로자이다.
4. 네비우스 선교정책을 직접 실행하여 한국교회가 처음부터 자립할 수 있는 기초를 마련하였다.
5. 외국인선교사로써 선교지에 대한 올바른 신앙관을 통해 자신의 모국과 선교지에 대한 이분법적 개념을 갖지 않았고, 모두를 하나님 나라로 인식하고 선교하였다. 그는 이를 직접 실천했던 실천목회자였다.
6. 신앙의 정통성을 유지하기 위해 어떠한 정치적 세력과도 타협하지 않았고 끝까지 항거하는 불굴의 신앙을 보여주었다.
7. 자신에게 맡겨진 책임을 온전히 수행하는 가운데, 전도에 대한 책임은 교회와 성도들에게 주어진 선택사항이 아니라 필수사항이기 때문에 주님의 명령에 순종해야 한다는 사실을 강조한 선교사였다.

8. 그는 크리스찬들은 모두가 한 지체로서 그리스도의 몸 속의 하나의 지체임을 강조하여 교회의 일치와 화평을 이루고자 하였다.
9. 그는 한국교회의 주일학교 교육을 시작하였고 전국적으로 조직화시켜 주일학교 교육을 통해 한국교회를 부흥 발전시켰다.
10. 전도를 통해 가정과 교회가 일치된 모습으로 연합을 이루어야 전도의 효과가 극대화 될 수 있다는 선교원리를 가르쳐 주었다.[3)]

블레어는 1901년 5월에 맥코믹 신학교를 졸업하고 같은 해 9월 10일에 부산에 도착하였다. 한국에 온 후 한국어 습득에 혼신의 노력을 기울여 2년 여 만에 한국어로 설교를 할 정도로 한국어를 유창하게 구사하여 한국인에게 직접 전도하며 설교하는데 두각을 나타내었다. 블레어는 1901년 평양에 도착한 직후, 마펫과 함께 안주를 비롯한 서북지역을 여행하면서 한국의 선교 상황을 이해하였는데, 사무엘 마펫은 서북지역의 선교 요충지이자 자신이 관할해온 안주를 블레어에게 위임하였다. 블레어는 안주선교지부에서 활발하게 선교사업을 전개하였고, 평양에 거주하며 1902년에서 1942년까지 서북지역의 안주, 순안, 석천, 영우, 선천, 개천 등지에 약 57개의 교회를 개척하였고 한국 기독교 교육의 발전을 위해 매우 활발하게 활동하였다.

블레어는 서북지역에서 선교활동을 통해 교회를 개척하였고《성경》을 공부하는 사경회를 통해 교회를 튼튼하게 하였다. 내한한 첫 해에는 숭실학당의 교장인 베어드 박사의 부탁으로 숭실학당에서 유연체조법을 가르쳤고, 이수제 선생의 도움을 받아 한국에서는 최초로 야구 규칙을 한국어로 번역하여 학생들에게 야구를 가르쳤다. 또한 축구공을 미국에서 가져왔고 축구화 만드는 도구를 미국에서 주문하여 축구화를 신고 축구시합을 하도록 지도하였다. 그리고 학교와 교회, 성경공부반에서 노래를 가르쳤는데, 이러한

---

3) 김종부,《방위량 선교사의 한국선교에 관한 연구》, 고신대학교 선교목회대학원 석사학위논문, 2014. 2, 52-53쪽.

체육과 음악을 통해 한국의 기독교 청년들과 가깝게 지낼 수 있었으며, 그는 이런 사역들이 성공적이었고 자신에게 큰 보람을 느끼게 해 주었다고 회고하였다.

블레어는 평상시 "일주일 내내 대학에서 가르치다가 금요일 오후 작은 당나귀를 타고 남산나루교회를 향해 떠났다."[4]고 술회하였는데, 그는 주중에는 숭실대학에서 학생들을 가르치는 교육사업에 전념하였다. 하지만 그의 전담지역에 있는 50여 개의 교회를 순회사역하는 데에는 꼬박 두 달의 시간이 필요했기 때문에 교육사역에서는 파트타임으로만 근무하였다. 그는 일찍부터 평양신학교의 교수와 이사로 재직하였고, 숭실학당에서는 1901년부터 시간강사로 가르치다가 1936년부터 1938년까지는 숭실전문의 이사장과 숭실중학의 설립자로 학교 교육과 운영에 직접 참여하여[5] 기독교 신앙에 토대를 둔 고등교육의 육성에 지대한 공헌을 하였다.

그의 한국 선교활동 중에서 가장 기억될 만한 사건은 1907년에 일어난 평양대부흥회에서 한국교회 부흥운동의 핵심적인 역할을 담당하였다는 것이다. 평양대부흥운동은 傳道에 대한 뜨거운 열정과 성경중심적인 신앙이 한국교회 안에 확실하게 뿌리를 내리게 하였다. 흔히 부흥회라고 불리는 이 모임은 성경공부를 중심으로 이루어졌고 "사경회(Bible Conference)"가 그 모체였다. 원래 사경회는 1888년 스크랜튼 대부인의 성경반과 1890년 언더우드목사의 신학반이 그 효시가 되었다. 1907년의 대부흥회를 계기로 성경반은 사경회로 발전되었고, 신학반은 신학교로 발전되었다. 1907년 평양 장대현교회에서 거행되었던 사경회는 후에 흔히 부흥회라고 불리게 되었다. 성경중심적인 신앙을 토대로 한국교회가 발전할 수 있도록 블레어 선교사는 네비우스 선교방법과 사경회 운동을 통해 크게 기여하였다.

---

4) 《정금 같은 신앙*Gold in Korea*》, 39쪽.

5) 《정금 같은 신앙*Gold in Korea*》, 128쪽.

블레어는 1919년부터 1923년까지 대한 예수교 장로회 총회의 진흥부장으로 百萬人救靈運動의 중심에 서서 한국교회의 전도운동을 주도하였으며, 1921년에는 전국주일학교 연합회의 총무를 맡아 어린이들의 신앙교육의 체계화와 발전에 지대한 공헌을 하였다. 1907년의 대부흥운동은 부분적으로 네비우스 선교방법을 철저하게 적용한 결과라고 간주할 수 있으며 한국교회의 발전에 결정적인 영향을 미쳤다. 네비우스 선교방법에서 강조하는 自傳의 원리는 초기부터 한국교회가 선교운동에 참여할 수 있는 역량을 갖추게 하였으니 1913년에는 박태로 목사를 비롯한 세 명의 한국선교사를 네비우스 선교사가 사역했던 중국 산동지역에 파송함으로써 한국교회는 기독교 선교가 이루어진지 30년 만에 외국에 선교사를 파송한 교회로 세계의 주목을 받게 되었다. 블레어는 외국선교의 중요성을 일찍부터 인식하여, 한국에서 교회개척사역을 진행하는 한 편 1908년부터 5차에 걸쳐 만주지역으로 선교여행을 다녀왔다. 특히 1920년과 1934년 블레어 부부는 한국교회에서 개설한 만주 신경선교지부로 순회전도여행을 다녀오는 등 해외선교사업에 적극적으로 참여하였다. 1935년에는 〈외국전도할 책임〉이란 논문을 《신학지남》에 기고하여 외국선교의 필요성을 강조하기도 하였다.【부록3-5】

블레어는 "한국의 보배"는 외적인 것에서 발견되는 것이 아니라 연속되는 고난의 용광로 속에서 분출되어 나오는 순수하고 정제된 한국인의 심성에 있다고 역설하면서 한국인과 한국 교회에 대해 남다른 애정을 드러내었다. 그는 제2차 세계대전이 종식되고 북한에 소련군이 진주했을 때에도 선교지 한국을 잊지 못해 소련군정의 특별 허가를 받아 개인 자격으로 1947년 4월에는 평양에 머물면서 그가 사역했던 교회들을 순방하며 설교했는데, 어떤 장외집회에서는 2만여 명이 운집하기도 하였다고 한다. 이것이 아마도 외국인 선교사가 동양의 예루살렘이었던 평양에서 활동했던 마지막 선교사역일 것이다. 일제의 통치가 끝나자마자 해방을 맞았지만 소련군의 진주와 공산정권이 수립되면서 그가 심혈을 기울여 사역했던 북한지역에 거주하는 수많은 성도들이 박해를 받게 되었고, 그들이 남한과 해외로 피난 가는 것을 안타깝게 지켜보면서도 블레어는 한국교회에 대한 소망을 버리지 않았다. 그는 40년 동안 살고 일했던 북한이 공산주의자들의 완전한 통제 아래 있으며, 북한을 방문한 방문객이 평양이나 북한 전체에서 그렇게 놀랍게 발전했던 교회들의 증거를 거의 찾아 볼 수 없다는 사실도 전해 들었다. 하지만 블레어는 그리스도의 복음이 북한에 사는 많은 사람들의 심령 속에 계속 살아있으며, 비록 그들이 무서운 고통 속에 있지만 여전히 하나님의 위대한 구원의 날을 기다리며 기도하고 있다고 믿고 있다. 그는 우리 모두가 그들의 기도에 동참하여 위대한 구원의 날이 더 이상 지체되지 않기를 간절히 소망하였다.

그는 맥코믹 신학교 4학년이던 1901년 5월 윌리엄 스왈른 선교사의 요청으로 하나님의 소명을 받아 한국에 선교사로 내한하였다. 그는 본래 원치 않았지만 하나님의 부르심에 순종하여 한국의 평양과 서북지역, 그리고 조선예수교장로회 총회와 전국주일학교연합회에서 선교사역에 매진하였고, 교회개척사역과 평양대부흥회, 백만인구령운동, 기독교진흥운동, 전국주일학교 부흥운동에 주역으로 헌신하였다. 그는 순회전도 선교사로 57개의 교회를 개척하고 목회하였으며, 주중에는 평양의 숭실대학과 평양신학교에서 교육사역에 참여하였다.

그는 26세에 내한하여 47년 동안 한국교회와 기독교단의 선교사역에 헌신하였는데, 1947년 그가 은퇴하고 미국으로 돌아간 뒤에는 47년 동안 미국과 한국에서 발표한 선교문서를 정리하고 종합하여 4권의 영문저술을 간행하였다. 블레어는 은퇴 후의 마지막 20여 년 동안도 자신의 한국선교사역과 한국선교 초기 50년 선교사에 대한 문서선교사역으로 始終一貫하였던 것이다.

그는 열정적인 전도자요, 성령의 불길로 신앙을 갖게 하는 설교자이며 목회자였으며, 개척한 교회를 한국인 목회자에게 이양하고 뒤에서 후원하는 섬김의 지도자였다. 그는 네비우스 선교정책에 의해 설립된 교회에 기독교

학교를 설립하여 초등학교, 중등학교로 발전시키는데 헌신하였고, 1908년부터 평양대부흥회에 관한 스토리를 미국 〈크리스챤 헤럴드지〉에 10회에 걸쳐 연재하였는데, 일련의 감동적인 연재를 통해 미국 전역에서 상당한 명성을 얻게 되었다. 이러한 선교사로써의 그의 명성과 미국해외연합선교부의 윌리엄 히렘 폭스, 샘 하이겐보템 박사와 같은 동역자들의 절대적인 지지를 받아, 한국 기독교학교를 위해 세 차례에 걸쳐서 거금의 기부금을 모을 수 있었다.

그는 선배선교사들로부터 아낌없는 사랑을 받는 선교사였다. 평양선교의 개척자 사무엘 마펫은 블레어를 그의 후계자로 생각하였고, 그의 맥코믹 신학교 선배인 윌리엄 스왈른, 그래함 리는 선교사역의 동역자로 함께 교회를 개척하고 사경회를 인도하며 한국교회를 부흥시켰다. 그는 길선주 장로를 가르쳤던 선교사였지만, 나이가 많은 길선주 장로가 목사로 장립되고 장로회 총회에서 부총회장이 되었을 때에는 그의 요청을 받아들여 진흥부장으로 섬기기도 하였다. 길선주 목사에 대한 그의 존경심은 《찬성의 고백》에 세밀하게 서술되어 있다. 블레어는 평양대부흥회의 설교자요 인도자로 현장에 있었는데, 이 사건은 당시 歐美에서 상당히 주목을 받았지만 외국에서는 한국의 실상을 알기가 어려웠다. 그는 문학적인 필치로 평양대부흥회의 실존인물들을 등장시키고, 한국의 역사와 지리배경을 소개하여 감동적인 신앙고백소설 《찬성의 고백》으로 서술해내었다. 그는 실존사건을 문학적 작품구조와 서사문체로 기술하여 우리 앞에 한국인의 정금 같은 신앙고백서를 문학작품으로 구현시킨 걸출한 문학작가이기도 했다.

그의 네 권의 영문 저작은 은퇴 후 20여 년에 걸쳐 출간되었는데, 한국인의 정금 같은 신앙과 47년 동안의 그의 선교체험을 기술한 것이다. 첫 번째 사진은 선교단체의 행사장에서 자원봉사 하는 노년의 블레어이다.(〈사진목록〉-1: 맥코믹 신학교 도서관에서 제공) 그는 은퇴 후에도 미국의 교회와 선교단체에서 자원봉사로 섬김의 생활을 하였다고 한다. 1947년 은퇴 후의 23년 역시 한국교회를 사랑하고 섬겼던 봉사생활의 연장선상에 있었음을 알 수 있다. 그는 일생동안 하나님의 복음을 전파하고 이웃을 내 몸과 같이 사랑하고 섬긴 봉사의 선교사였다. 한국에서 그가 캐낸 수많은 정금은 바로 한국인과 한국교회를 위해 헌신하고 섬겼던 윌리엄 블레어의 순결한 신앙을 상징하고 있는 것이다. 어둡고 추웠던 긴 터널을 통과하느라 우리가 잊고 있었던 한국선교의 은인, 교회개척의 선구자, 숭실대학의 열렬한 후원자요 경영자였던 방위량 선교사는 천국에서 하나님의 후한 상급을 받아 그가 캐낸 정금으로 만든 금면류관을 쓰고, 정금으로 지은 황금성에서 영생복락을 누리고 계실 것이다.

참고문헌

윌리암 뉴튼 블레어·브루스 헌트 저/김태곤 역, 《한국의 오순절과 그 후의 박해》, 생명의 말씀사, 1995

윌리암 뉴튼 블레어 저/김승태 역, 《속히 예수 믿으시기를 ㅂ라ㄴ이다》, 두란노, 1995

윌리엄 뉴튼 블레어 저/김승태 역, 《정금 같은 신앙》, 한국기독교역사연구소, 2005

윌리엄 블레어 저/김홍만 역, 《찬성의 고백》, 도서출판 옛적길, 2002

변동헌, 《그리운 방위량 선교사》, 대구: 도서출판 한빛, 연대미상

김양선, 《한국기독교 해방 50년사》, 장로회 총회 교육부, 1956

박 완, 《한국기독교 100년사》, 성서교재간행사, 1984

한국기독교역사연구소, 《한국기독교의 역사》 I · II, 기독교문사, 1989·1990

한국기독교 장로회 역사편찬위원회, 《한국 기독교 100사》, 한국기독교 장로회출판사, 1992

김영재, 《한국 교회사》, 개혁주의 신행협회, 1992

민경배, 《한국기독교회사》, 연세대학교 출판부, 1996

해리 로즈 저/최재건 역, 《미국 북장로교 한국 선교회사》, 연세대학교 출판부, 2009

김승태·박혜진, 《내한 선교사 총람》, 한국기독교역사연구소, 1994

숭실대학교100년사편찬위원회, 《숭실대학교100년사》 ①평양숭실편, 숭실대학교 출판부, 1997

김남식, 《네비우스 선교방법》, 성광문화사, 1991년

곽안련 저/박용규 김춘섭 역, 《한국교회와 네비우스 선교정책》, 대한기독교서회, 1994

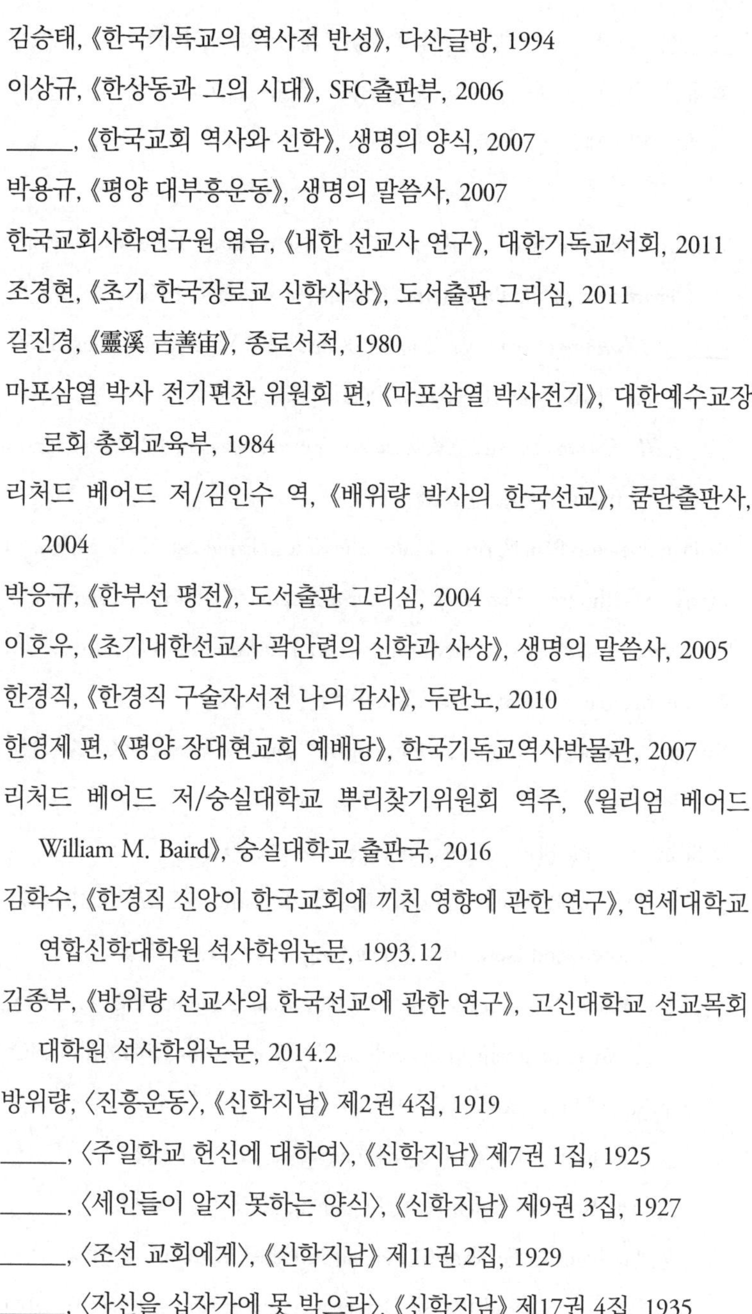

김승태, 《한국기독교의 역사적 반성》, 다산글방, 1994

이상규, 《한상동과 그의 시대》, SFC출판부, 2006

_____, 《한국교회 역사와 신학》, 생명의 양식, 2007

박용규, 《평양 대부흥운동》, 생명의 말씀사, 2007

한국교회사학연구원 엮음, 《내한 선교사 연구》, 대한기독교서회, 2011

조경현, 《초기 한국장로교 신학사상》, 도서출판 그리심, 2011

길진경, 《靈溪 吉善宙》, 종로서적, 1980

마포삼열 박사 전기편찬 위원회 편, 《마포삼열 박사전기》, 대한예수교장로회 총회교육부, 1984

리처드 베어드 저/김인수 역, 《배위량 박사의 한국선교》, 쿰란출판사, 2004

박응규, 《한부선 평전》, 도서출판 그리심, 2004

이호우, 《초기내한선교사 곽안련의 신학과 사상》, 생명의 말씀사, 2005

한경직, 《한경직 구술자서전 나의 감사》, 두란노, 2010

한영제 편, 《평양 장대현교회 예배당》, 한국기독교역사박물관, 2007

리처드 베어드 저/숭실대학교 뿌리찾기위원회 역주, 《윌리엄 베어드 William M. Baird》, 숭실대학교 출판국, 2016

김학수, 《한경직 신앙이 한국교회에 끼친 영향에 관한 연구》, 연세대학교 연합신학대학원 석사학위논문, 1993.12

김종부, 《방위량 선교사의 한국선교에 관한 연구》, 고신대학교 선교목회대학원 석사학위논문, 2014.2

방위량, 〈진흥운동〉, 《신학지남》 제2권 4집, 1919

_____, 〈주일학교 헌신에 대하여〉, 《신학지남》 제7권 1집, 1925

_____, 〈세인들이 알지 못하는 양식〉, 《신학지남》 제9권 3집, 1927

_____, 〈조선 교회에게〉, 《신학지남》 제11권 2집, 1929

_____, 〈자신을 십자가에 못 박으라〉, 《신학지남》 제17권 4집, 1935

_____, 〈외국전도의 책임〉, 《신학지남》 제17권 6집, 1935
최재건, 〈1907년 한국교회의 회개 영성 부흥—교회와 신학의 만남〉, 《신학논단》 제47집, 2007

William Newton Blair, *Gold in Korea*. New York: Central Distributing Department of the Presbyterian Church in the USA, 1946.
_____, *Chansung's Confesions*. Topeka, Kansas: H. M. Ives and Sons, 1959.
_____, My Two Crooked Fingers. Duarte, CA: 1964.
_____, *The Korean Pentecost and the sufferings which followed*, Edinburgh;Carlisle, Penn.: Banner of Truth Trust, 1977
William Newton Blair & Bruce Hunt, The Korean Pentecost, KMF 23,1927.12.
Harry A. Rhodes, *History of The Korea Mission Presbyterian Church U.S.A. volume* Ⅰ *(1884-1934)*, New York: Central Distributing Department of the Presbyterian Church in the USA, 1955.
Samuel A. Moffett, Annual Meeting of the Korea Mission of PCUSA, 1898-1920.
William Newton Blair, Correspondence, *KMF* 8, 1912.7.
_____, How to Plant Church's in Unreached Districts, *KMF* 10, 1914.4.
_____, More Good News from Pyeng yang, *KMF* 11, 1915.5.
_____, Mission Work of the Korean Presbyterian Church, *KMF* 11, 1915.7.
_______, An Experiment in Special Sunday Schools for Children of NON-Christian Home, *KMF* 11, 1915.10.
_____, The Korean Moksa as a Preacher, *KMF* 12, 1916.10.
_____, The Korean Church Federal Council, *KMF* 14, 1918.6.
_____, Presbyterian Forward Movement in Korea, *KMF* 16, 1920.1.
_____, Past Revivals and Present Day Evangelism in Korea, *KMF* 16, 1920.3.

______, The Forward Movement of the Korean Presbyterian Church, *KMF* 16, 1920.6.

_____, A Real Revival Needed, *KMF* 16, 1920.7.

_____, Report of the Forward Movement, *KMF* 16, 1920.11.

_____, A Request, *KMF* 17, 1921.4.

______, Soms Result of the Forward Movement Campaign of the Korean Presbyterian Church, *KMF* 18, 1922.12.

_____, The Work of the Foreign Missionary in Korea Today, *KMF* 20, 1924.1.

_____, A Friend in Need, *KMF* 20, 1924.6.

_____, Reaching, *KMF* 23, 1927.12.

_____, The Pyengyang Men's Class, *KMF* 24, 1928.4.

_____, The Evangelistic Force, *KMF* 25, 1929.1.

_____, The Pyengyang Revival, *KMF* 25, 1929.2.

_____, I am Debtor, *KMF* 27, 1931.9.

_____, The Three Year's Evangelistic Program, *KMF* 28, 1932.2.

_____, The Evangelistic Forward Movement the Korean, *KMF* 28, 1932.11.

_____, The Lief of Christ in a Million Korea Homes, *KMF* 29, 1933.4.

_____, A Trip to Sinpin, Manchukuo, *KMF* 31, 1935.4.

_____, The Chunju Retreat, *KMF* 31, 1935.6.

_____, Personal Report, 1911~1940.

_____, Annual Report 1926-1927, 1928-1929,1930-1931.

Herbert. E. Blair, Personal Report, 1911~1941.

윌리엄 블레어 선교사의 약력

1876년 7월 11일 미국 캔사스주 샐리나에서 부친 에드가 윌슨 블레어와 모친 엠마 앤 블레어의 가정에서 출생, 샐리나 장로교회에서 성장

1894~1897년 미국감리교 북서부연회에서 캔사스주 샐리나에 설립한 캔사스 웨슬리안 대학(Kansas Wesleyan College) 졸업

1898~1901년 시카고의 맥코믹 신학교(McCormick Theological Seminary) 졸업

1901년 6월 에디트 알렌(Edith Allen Blair, 1879-1942)과 결혼. 슬하에 1남 3녀(로이스, 캐서린, 에디트, 에크)가 있다. 캐서린은 브루스 헌트(윌리엄 헌트의 장남)와 결혼, 에디트는 샤논 보이드 베일리 매큔(조지 매큔의 차남)과 결혼하였다.

1901년 7월 미국 솔로몬 장로교회에서 목사 안수를 받음

1901년 9월 미국 북장로회 파송 선교사로 부인과 함께 내한, 평양선교지부에 부임, 숭실학당에서 체육(유연체조법, 야구, 축구)을 가르침. 이수제 선생에게 한국어를 배움. 그후 평양과 평북지역에서 순회선교사역에 헌신.

1903년 동생 헐버트 블레어가 북장로회 파송 선교사로 내한하여 처음에는 평양지부에서 사역하다가 강계지부의 개척선교사로 파송을 받고 이 지역을 부흥시켜 독립노회로 발전시켰다. 블레어는 헐버트의 선교사역를 지속적으로 지원하였으며 한국에서의 사역기간 동안 동역자로써 서북지역과 한국기독교단에서 함께 헌신하였다. 헐버트는 형 블레어의 지도와 영향을 받았으며 1940년에는 조선교회연합회 의장으로 선임되어 조선기독교의 대표로 헌신하였는데 1941년 조선교회연합회 의장으로 "세계여성기도일 사건"을 주관하다가 일제에 의해 강제로 추방되어 바로 한국을 떠났지만 미국행 선편을 탑승하지 못해 1942년

월 필리핀에 갔다가 일제의 포로가 되어 로스 바노스 수용소에 수용되었다가 1945년 2월 20일 수용소에서 병사하였다.

1906·1907년 이화학당, 숭실학당의 교가 작사

1907년 평양대부흥회의 설교자이자 인도자로 참여. 그래함 리, 스왈른 선교사, 길선주 장로와 함께 전국을 순회하며 사경회를 인도

1909년 첫 번째 안식년으로 미국에 체류하면서 숭실대학 기숙사건물 건축기금을 사이러스 맥코믹 여사로부터 모금

1909-1910년 백만인구령운동의 실행위원, 선교책자 《그리스도의 행적》을 저술하여 각 가정에 배포

1912년 9월 제1회 조선예수교장로회 총회(초대 총회장 호레이스 언더우드 목사)에서 회계로 선출

1916년 안식년으로 미국에 체류하면서 사이러스 맥코믹 부인으로부터 평양장로회 신학교의 본관 신축을 위한 기부금을 모금하였다.

1918년 캔사스 웨슬리안 대학에서 한국에서의 선교업적을 인정받아 명예신학박사학위(Honorary Docter of Divinity)를 받았다.

1919~1926년 제1차 기독교 진흥운동의 장로회총회 실행위원장으로 임명되어 전국 12개 노회대표를 각각 3인씩으로 구성하는 진흥위원회를 조직하여 기독교 부흥운동을 주도하다. 전국에 10장의 전도지를 제작 배포하였고, 《그리스도의 생애》라는 전도책자를 170 만권 발간하여 판매하였다.

1920년 만주 신경선교지부(한국장로회 총회에서 신설한 만주의 선교지부, 신경은 심양에서 100마일 동편에 위치한 도시)에서 해외전도사역 참여. 블레어는 성경반 및 성경학교 강사로, 부인은 부녀자 성경반 지도 및 전도사업 동참. 블레어 선교사 부부는 1908년부터 1940년까지 만주에 5차에 걸쳐 순회전도여행을 다녀왔다. 그중 1920년과 1934년 2차에 걸쳐 신경에서 순회전도사역을 진행하였다. 그의 외국선교관은 〈외국전도할

책임〉【부록3-5】에 잘 드러나 있다.

1921년 전국주일학교연합회 총무로 피선.

1923년 안식년으로 미국 체류시 기독교학교를 위한 거금의 모금활동 전개

1921~1925년 전국주일학교연합회에서 미국 주일학교 전문사역자들을 초빙하여 "전조선주일학교대회"를 전국에서 개최하여 주일학교 교육에 대한 관심과 열정을 고조시켰고, 전국 교회의 주일학교를 비약적으로 발전시켰다.

1929~1935년 제2차 기독교 진흥운동의 장로회총회 진흥위원장으로 전국적으로 교회 부흥운동을 주관하였다.

1936년 숭실전문 교수 겸 이사장, 평양신학교 교수

1938년 미국북장로회 선교본부의 대표로 숭실학당과 숭실전문의 폐교 절차를 완료

1942년 6월 1938년 이후 미국 북장로회 한국선교본부의 원로로 선교사업을 주관하다가 일제의 탄압으로 평양에서 철수하여 미국으로 귀국, 41년 동안 57개의 교회를 개척 부흥시킴.

1945년 9월 미국 북장로회 선교사로 다시 내한하여 대구지부에서 선교활동

1946년 *Gold in Korea*(김승태가 《정금같은 신앙》이란 제목으로 번역 출판)를 뉴욕 미국장로회 중앙총무국에서 출판; 1959년 *Chansung's Confesions*(김홍만이 《찬성의 고백》이란 제목으로 번역 출판)를 캔사스주 토페카의 이브스앤손스에서 출판; 1964년 *My Two Crooked Fingers*를 듀알트에서 출판; 1977년 *The Korean Pentecost and the sufferings which followed*(김태곤이 《한국의 오순절과 그 후의 박해》라는 제명으로 번역 출판)를 Banner of Truth Trust에서 출판. 그는 4권의 영문저서와 27편의 영어논문 그리고 6편의 한국어 선교논문과 수많은 선교전단지를 저술 발간하였다.

1947년 4월 소련군정의 허가를 받고 평양을 비롯한 서북지방에서 순회

선교활동

1947년 은퇴하고 미국으로 귀국하여 선교사요양원에서 저술활동과 자원봉사를 하였다.

1970년 5월 2일 향년 94세로 영면하여 캔사스주 샐리나의 깁썸힐 공동묘지(Gypsum Hill Cemetery)에 안장

【부록1】

1907년 평양에 성령은 어떻게 임하셨는가?

How The Spirit Came to Pyeng Yang

그래함 리(Graham Lee, 이길함) 저

1906년 8월, 우리 평양 주재 선교사들은 연합 사경회를 개최했는데 일주일 동안 계속되었습니다. 그 목적은 우리 자신의 영적인 생활을 더욱 깊게 하는 것이었습니다. 원산의 하디(R. A. Hardie) 박사가 와서 우리에게 많은 도움을 주었습니다. 그 모임에서 우리 마음에 하나님의 영이 우리 자신의 삶을 완전히 조종하시고 주님께 봉사하도록 강하게 우리를 사용하실 것이라는 열망이 생겨났습니다.

사경회가 끝나자마자 우리는 선교사 연례회에 참가하기 위해 서울에 갔고, 그곳에서 하워드 존스턴(Howard Agnew Johnston) 박사를 만났는데, 그를 통하여 서울 선교사들이 매우 큰 축복을 받았다는 것을 알게 되었습니다. 존스턴 박사가 평양에 와서 머무는 동안, 우리 한국인 성도들에게 말씀을 전했고, 인도에서 성령이 놀랍게 나타나신 일에 대해 이야기했습니다. 존스턴 박사의 이야기를 들은 우리 성도들도 똑같은 축복을 받을 수 있다는 큰 기대를 갖게 되었습니다. 그러한 열망이 생겨나고 나서부터 축복이 임할 때까지 그 일을 위해 한국인 성도들과 선교사들은 계속 기도했습니다.

우리는 연례회에서 돌아와서 특별 기도회를 몇 차례 가지면서 하나님의 영이 쏟아 부어지기를 기도했지만 당시에는 아무런 응답이 없었습니다. 한국인 성도들은 집회에 즐겁게 참여했지만 성령은 권능으로 우리와 함께 하시지는 않았습니다. 그럼에도 불구하고 우리는 계속 기도했으며 성탄절을 지내면서 우리 선교사들의 마음속에 특별 기도주간을 가져야겠다는 생각이 들었습니다. 우리가 가진 이 의지는 우리 모두에게 큰 이익을 주었습니다. 이 기도회가 끝나기 전에 남성들을 위한 겨울사경회가 시작되었고, 약 700명의 성도들이 2주간 동안 성경을 공부하며 시간을 보냈습니다. 하나님께서는 우리 마음속에 이 겨울 사경회 때 특별한 축복을 받아야 한다는 강렬한 기대감을 주셔서, 우리 장로교 선교사들은 매일 정오에 모여 이 겨울 사경회를 위해 기도하기로 했습니다. 우리가 행한 이러한 일은 우리 자신에게도 큰 이익을 주는 것이었습니다. 왜냐하면 이러한 정오 기도집회는 우리에게 매우 거룩한 장소가 되었기 때문입니다.

1907년 1월 6일, 우리는 장대현교회에서 평양 시내 4개 장로교회 교인들이 참여한 연합 겨울사경회를 저녁기도회로 시작했습니다. 이 집회를 남자와 여자가 함께 드리기에는 예배당 건물이 너무 작다는 것을 알았기 때문에 우리는 장대현교회에서는 남자 성도들만 모이도록 했고, 여자 성도들은 네 개의 다른 장소로 나누어 집회를 갖고, 학생들은 숭덕학교 부속예배당에서 집회를 갖도록 했습니다.

장대현교회는 약 1,500명 정도를 수용할 수 있는데, 매일 밤 교회는 만원이었습니다. 집회는 토요일 저녁까지 매 저녁마다 열렸는데 능력이 점증적으로 나타났고 토요일 저녁 집회 때 최고조에 달했습니다. 주일 낮에는 각 교회로 흩어져 정규 예배를 드렸고, 주일 저녁에 다시 장대현교회에 모여 연합으로 계속 집회를 열었습니다. 우리는 그 저녁 집회 때부터 위대한 일이 일어나리라고 기대했지만 큰 축복을 받지는 못했고 그 대신 대단히 이상한 경험을 하게 되었습니다. 집회는 마치 죽은 것 같았고 하나님의 영은 우리로부터 멀리 떠나 버린 것만 같았습니다. 설교를 한 번 하고 몇 명이 피상적인 신앙고백을 한 것이 전부였습니다. 실제로는 아무것도 자백한 것이 없었던 셈인데, 그래서 우리는 무거운 마음으로 도대체 어디에 문제가 있었던 것인지 의문을 가진 채 숙소로 돌아갔습니다. 그 이전까지 집회에서는 혼이 깃든 신앙고백이나 실질적이며 진심에서 우러나오는 죄의 고백들이 있었지만 이번 주일 저녁 집회는 모든 것이 차단되어 버린 것 같았고 집회는 죽어 껍데기만 남은 것처럼 보였습니다. 한국인 형제들도 우리 선교사들과 같은 느낌을 가졌고, 주일 저녁은 참으로 우울한 밤이었습니다. 월요일 낮 집회 때 우리는 하나님께 도와달라며 소리를 높여 기도했고, 하나님께서는 우리의 기도를 들으셨습니다. 왜냐하면 월요일 저녁에 축복이 임했기 때문입니다.

우리는 그날 하루 종일 하나님께서 우리의 기도를 들으시고 응답하시기를 기도하면서도 어떤 일이 벌어질지 전혀 모르는 상태로 저녁예배를 드리러 예배당에 갔습니다. 우리가 장대현교회 예배당에 다다랐을 때에 우리 모두는 무엇인가가 오고 있다는 것을 느끼게 되었다고 생각했습니다. 설교를 짧게 마친 후에 우리는 함께 소리를 내어 기도했고, 모든 청중이 이에 동참했습니다. 바로 이 통성기도가 이번 집회의 여러 가지 특징 중의 하나였습니다. 기도 후에 죄의 자복이 있었고 그 후에 찬송을 부른 후 인도자는 회중들에게 자리에서 일어나게 한 후 집에 가기를 원하는 사람은 모두 집에 가라고 하면서 원하는 사람들은 남아서 아침까지 우리와 함께 기도하면서 자신의 죄를 자백해도 좋다고 했습니다.

대부분이 집으로 돌아갔지만, 약 500명 내지 600명 정도가 남았습니다. 우리는 이들을 예배당의 한쪽 날개(남자석)로 모아 놓고 우리 중 어느 누구도 이제껏 경험해 보지 못한 집회를 하기 시작했습니다. 기도를 드린 후에, 소리를 내서 죄를 고백했는데 바로 그 순간 하나님께서 그 곳에 모인 회중에게 강림하시는 것만 같았습니다. 회중이 차례대로 자리에서 일어나 자신의 죄를 하나님께 내어놓고 눈물을 흘리면서 자복하였는데 자신의 죄에 대한 고통과 번민으로 마룻바닥에 몸을 내던지고 주먹으로 땅을 치면서 괴로워했습니다. 우리 집 요리사는 자신의 죄를 고백하려고 애쓰다가 그러는 중에 자복하고 기도실 맞은편에 있던 내게 소리쳤습니다.

"목사님! 말씀해 주세요. 저에게도 희망이 있습니까? 나도 용서를 받을 수 있습니까?"

그리고 그는 바닥에 자신을 내던지고 울고 또 울었는데, 극심한 고통 속에 비명을 지르는 것 같았습니다. 어떤 때는 누군가가 죄를 고백하면 즉시 전 회중이 통성으로 기도했는데 수백 명의 회중이 함께 통성으로 기도하는 그 광경은 말로 표현할 수 없는 것이었습니다. 그리고 또 다시 죄의 고백이 이어진 후 회중들은 걷잡을 수 없이 눈물을 흘리며 울기 시작했습니다. 우리도 모두 눈물을 흘렸고 울고 기도하는 식으로 집회는 새벽 2시까지 계속되었습니다.

장대현교회의 중진, 특히 강씨(강유문)와 김씨(김찬성)가 서로 미워하고 있다는 것을 알고 있던 우리 몇몇 선교사는 집회 기간 동안에 이들이 죄를 회개하고 화해하기를 기대했습니다. 드디어 월요일 밤 강씨는 용기를 내어 자신이 얼마나 김씨를 싫어했는지를 자백하고 용서를 빌었습니다. 그처럼 당당하고 완고했던 강씨가 쓰러졌다가 다시 정신을 차린 후, 자신이 얼마나 김씨를 싫어했는지 말하려고 애쓰다가 다시 쓰러지는 것을 보고 매우 놀랐습니다. 새벽 2시쯤 되었을 때에도 여전히 자신의 죄를 자백하려는 사람들이 있었지만, 예배당이 점점 추워졌고, 또한 저녁 집회가 있을 것이기 때문에 집회를 끝내는 것이 좋다고 생각했습니다.

화요일 오후 기도집회 때 우리 선교사들은 전날 저녁에 있었던 놀라운 집회에 대하여 진심으로 감사를 드렸고, 화요일 저녁 집회에는 더 위대한 축복을 주시기를 하나님께 간구했습니다. 우리는 월요일과 마찬가지 형식으로 예배를 드렸습니다. 우리 한국인 목회자 중에서 가장 은사를 많이 받은 길선주 장로의 설교가 끝난 후에, 원하는 사람은 모두 집에 가도록 했는데 또 다시 600명 정도가 남았습니다. 화요일 저녁 집회는 월요일 저녁 집회와 거의 똑같았지만, 집회 중에 나타난 역사는 그 이상이었습니다.

우리 몇몇 선교사는 교회의 중진, 특히 김씨(김찬성)와 주씨(주공삼)를 위해 기도했는데, 그 두 사람이 자백해야 할 것이 있다는 것을 알았기 때문입니다. 화요일 저녁 집회는 김씨가 힘을 얻어 자신의 죄를 자백하게 되었을 때

정점에 다다랐습니다. 그는 강단에 앉아 있다가 갑자기 자리에서 일어나 앞으로 나와 곧 바로 자백하기 시작했습니다. 김씨는 마음속으로 다른 형제, 특히 블레어(W. N. Blaire) 선교사를 미워하였음을 자백했고 그러한 미움들을 모두 쏟아냈습니다. 김씨가 겪었던 고통은 말로 표현할 수 없을 정도로 끔찍했습니다. 그는 바닥에 쓰러져 마치 발작하는 사람 같았습니다. 그가 자복했을 때 모든 회중은 온통 눈물의 소용돌이에 휩싸였고, 그들은 울고 또 울고, 계속 울었습니다. 우리 선교사들도 그들과 같이 울었는데 아무리 해도 그 눈물을 멈출 수가 없었습니다.

회중이 눈물을 흘리며 울고 있을 때 강씨가 기도하기 위해 나왔습니다. 그는 속속들이 자복했고 마치 자기 심장을 찢는 것처럼 괴로워하며 눈물을 흘렸습니다. 형제들이 그 주위로 몰려들었고, 그에게 팔을 올려놓자 그는 평온을 되찾았습니다. 그 후 강씨는 김씨에게로 가서 사랑스럽게 그를 끌어안고 함께 눈물을 흘렸는데 그 모습이 너무나 아름다웠습니다. 김씨는 정신이 들자 블레어 선교사에게 가서 말했습니다.

"블레어 목사님, 나를 용서해 주시겠습니까? 나를 용서해 주시겠습니까?"

블레어 목사님도 기도하기 위해 자리에서 일어나더니, "아버지!"라고 한 후 한 두 마디 말을 하고는 더 이상 아무 말도 하지 못했습니다. 그가 이미 형용할 수 없는 감격에 휩싸였기 때문입니다. 회중은 계속 눈물을 흘리며 울었고 전혀 멈출 수 없을 것 같았습니다. 마침내 우리는 회중이 잠잠해지도록 찬송을 불러야만 했는데, 그 중 몇 사람은 스스로를 억제할 수 없을 정도로 이성을 잃었기 때문입니다. 찬송을 부르는 동안 회중은 잠잠해졌고, 다시 죄의 자백이 시작되어 집회는 새벽 2시까지 이어졌습니다.

그날 저녁에 가장 충격적이었던 일은 숭실대학교 학생이 드린 기도였습니다. 그는 하나님께 자신의 죄에 대하여 사람들 앞에서 자백할 것을 요청했고 기도할 기회를 얻었습니다. 더듬거리는 목소리로 그 학생은 기도하기 시작했는데, 그 기도는 내가 이제껏 한 번도 들어보지 못한 기도였습니다. 우리는 하나님 앞에서 인간의 마음이 완전히 벗겨지는 현상을 목격했습니다. 그는 간음과 미움, 자신의 아내를 사랑하지 않은 일과 지금은 잊었습니다만 여러 가지 죄들을 고백했습니다. 그 학생은 울면서 기도했는데 거의 자신을 주체할 수 없었고, 그가 울자 다른 회중들도 통곡하며 눈물을 흘렸습니다. 우리는 마치 살아계신 하나님의 임재 앞에 있는 것만 같았습니다.

그 집회로 겨울사경회는 끝났습니다. 우리는 이 집회에 나타난 성령의 역사가 이제 그치게 되는 것은 아닌지 걱정이 되었습니다. 그러나 정말 기쁜 것은 수요일 저녁 4개 교회로 나누어 가진 기도회에서도 동일하게 강력한 능력이 나타났습니다. 나는 이전 수요일 저녁집회 때 장대현 교회 장로 두 명을 선출하겠다고 공고한 바 있었는데, 예배를 드리는 도중 그날 저녁 장로를 선출하려고 하는 것이 과연 올바른 일인지 의문이 들었습니다. 예배당에 들어서자마자, 나는 그날 밤 장로를 선출하지 않아도 된다는 것을 깨달았습니다. 우리는 하나님의 영이 임재하시는 것을 느낄 수 있습니다.

예배를 짧게 마친 후에 집에 가고 싶은 사람은 돌아가라고 했습니다. 남은 교인들이 자리를 잡자 우리는 함께 통성으로 기도했고, 그 즉시 수많은 사람들이 자기의 죄를 자백하려고 자리에서 벌떡 일어났습니다. 몇 명이 자백한 후 주공삼 장로가 용기를 내서 자기의 죄를 고백할 때, 집회는 절정에 다다랐습니다. 그 놀라웠던 화요일 저녁집회 내내 주 장로는 자리에 있었는데 마치 사형선고를 받은 사람처럼 보였습니다. 우리는 주 장로가 사람들 앞에서 자백해야 할 끔찍한 죄가 있음을 확신했고, 하나님께서 그에게 힘주시기를 간구했습니다. 그는 강단에 앉아 있다가 갑자기 일어나 내 옆에 섰는데 그것을 본 나는 기쁨에 사로잡혔습니다. 왜냐하면 주 장로가 굴복하고 하나님의 영에 사로잡혀 깨끗하게 될 것을 알았기 때문입니다.

주 장로는 더듬거리며 자백하기 시작하였는데 점점 또렷한 목소리로 말을 이어 나가자 그의 모든 죄가 드러났습니다. 주 장로는 간음과 교회 돈을 횡령한 죄를 자백했는데 이를 자백하면서 그는 극심한 고통 속에 휩싸인 듯

했습니다. 그것은 내가 이제까지 보아 온 것 중에서 가장 무서운 고통에 사로잡힌 인간의 모습이었습니다. 그는 머리부터 발끝까지 떨고 있었는데 그가 강단에서 떨어질 것 같아 나는 그를 두 팔로 붙들어 주어 서 있도록 도와주었습니다. 마음속에 두려운 고통을 느끼면서 주 장로는 소리쳤습니다.

"이제껏 나보다 더 끔찍한 죄인이 있었습니까?"

그러고 나서 그는 자기 손으로 온 힘을 다해 설교단을 내리쳤습니다. 마침내 그는 바닥에 누워 용서를 구하며, 고통 가운데 몸을 비틀고 또 비틀었습니다. 주 장로를 진정시키지 못하면 곧 죽을 것만 같아 보였습니다. 그것은 차마 볼 수 없는 장면이었습니다.

아! 그러자 한국인 형제들이 그의 주위에 모여, 그를 끌어안고 번민으로 고통 받는 그를 위로해 주었는데, 그 장면은 너무도 아름다웠습니다. 주 장로가 자복하자마자 전 회중은 울음을 터트렸고, 그들은 눈물을 흘리며 울고 또 울었고, 전혀 그칠 것 같지 않았습니다. 나는 그들을 잠잠하게 하기 위해 찬송을 불러야만 했습니다. 집회를 조금 더 가진 후에 모든 교인이 해산했습니다. 우리는 하나님의 영이 여전히 우리 가운데에 있음을 감사드렸고, 주 장로가 자신의 죄를 자백하도록 만든 성령의 능력을 그가 받아들이도록 이끄신 것에 더 감사를 드렸습니다.

수요일 아침에 성숙한 소녀와 부인들을 위해 설립한 숭의여학교에서도 똑같은 역사가 나타났습니다. 교장인 스눅(V. L. Snook) 선교사는 평소처럼 학교에 가서, 1교시 수업을 하였습니다. 그 후 10시에 예배가 시작되었는데, 사실 그 날은 정규 예배가 없는 날이었습니다. 짧은 설교와 기도를 드린 후, 여학생들은 고꾸라져 눈물을 흘리며 자신들의 죄를 자백하기 시작했습니다. 집회는 12시를 넘긴 후에도 기도와 눈물, 그리고 죄의 자백으로 계속 이어졌습니다. 목요일 아침에는 수요일의 반복이었으며, 예배는 오후까지 드려졌습니다. 금요일에는 모든 수업을 뒤로 미루고 아침 내내, 그 이전 이틀 동안과 마찬가지 형태로 집회를 가지며 시간을 보냈습니다.

수요일 아침에 장대현교회 부속 숭덕학교에서도 똑같은 역사가 일어났습니다. 학교는 여느 날과 같이 시작되었지만 어디에서도 수업 소리는 들리지 않았고, 오후 1시까지 학생들은 눈물을 흘리며 자신의 죄를 자백했습니다. 그 중 세 명은 집회가 진행되는 동안 자제력을 잃고 극도의 긴장감에 사로잡혀 정신을 잃었습니다. 학생들을 담임하고 있는 한국인 교사들은 그러한 긴장감을 어떤 식으로 적당하게 진정시킬 수 있는지 명확하게 알지 못하고 있었습니다.

목요일 오전에는 성령이 어린 소녀들이 다니는 숭현여학교에도 내렸습니다. 우리 선교사들 중 일부가 학교 교실 옆을 지나던 중 비통하게 우는 소리를 듣고 그곳에도 똑같은 성령의 능력이 임했다는 것을 알았습니다. 교사 베스트(M. Best) 양이 즉시 학생들을 돌아보기 위해 갔습니다. 그 소식을 들은 번하이젤(C.F. Bernheisel) 부인도 어떤 일이 벌어지고 있는지 보기 위해 시내에 있는 여학교로 갔습니다. 번하이젤 부인이 여학생들에게 몇 마디 말씀을 전하자 그 즉시 학생들은 눈물을 흘리며 자신의 죄를 자백하기 시작했습니다.

수요일 정오에 우리가 드린 기도회에서도 똑같은 능력이 나타났습니다. 평소에는 30분 가량 기도회를 가졌는데 그날 우리는 2시까지 기도회를 계속하면서, 눈물을 흘리며 우리의 죄를 고백했습니다. 나는 이전에 한 번도 그러한 기도회를 보지 못했습니다. 말 그대로 하나님의 영이 우리 위에 임하셨고, 우리는 눈물을 흘리며 죄를 고백하지 않을 수 없었습니다. 이는 마치 하나님께서 우리 공동체 안에 있으면서 우리를 방해하고 우리를 공격적으로 만들었던 모든 것으로부터 우리를 깨끗하게 하시려고 노력하시는 것 같았습니다.

남자 사경회가 열리는 기간 내내 여신도들도 다른 곳에서 독자적으로 집회를 가졌는데 여성 집회에서는 특별한 성령의 역사가 일어나지 않았습니다. 우리는 여성들을 위해 목요일과 금요일, 그리고 토요일 저녁에 장대현교회에서 집회를 가지기로 했습니다. 목요일과 금요일 저녁에는 특별한 역사가 일어나지 않았는데, 이는 여성들이 아직 준비가 되지 않았기 때문이었습니다. 집회 중에 몇 명이 죄를 형식적으로 고백하고 독선적인 노파가 일어나 두서없이 몇 마디 말한 것이 전부였는데, 그 자리에서는 성령께서 힘 있게 역사하지 않으셨습니다.

토요일 밤이 되어서야 성령의 능력이 나타났고, 여성들도 남성들이 한 것과 마찬가지로 죄를 자백하면서 몸부림치며 고통스러워했습니다. 한 젊은 소녀의 자백이 우리 모두를 기쁘게 했는데, 그는 오랫동안 우리 모두에게 고통과 안타까움을 안겨주던 인물이었습니다. 우리는 그녀를 도와주고 싶었지만 방법을 찾지 못하고 있었습니다. 그런데 토요일 밤 그 소녀가 자신의 죄를 자복하고 마치 자신의 심장이 부서지는 것처럼 눈물을 흘리며 울었습니다.

주일 오전, 장대현교회에서 우리는 평소와 같이 성경공부반을 열었고 오후 예배 때 또 다시 성령의 강력한 역사가 일어났습니다. 길선주 장로가 설교했는데 그는 아주 생생한 연극으로 설교를 끝냈습니다. 그는 줄로 자신의 허리를 동여맨 후에 교회의 임원 중 한 사람에게 줄을 붙잡으라고 했습니다. 그리고 강단 저편에서 오라고 손짓하는 매큔(G. S. McCune) 선교사에게 가려고 했습니다. 그런 자세로 길선주는 죄에 매인 죄인이 그 죄를 끊고 하나님께로 가려고 노력하는 모습이 이렇다고 설명했습니다. 그러고 나서 그는 마치 자신의 죄를 깨달은 사람이 그러하듯이, 자기 몸을 움직이려고 애쓰고 몸부림쳤습니다. 마침내 줄이 끊어지고 그는 강단을 향해 돌진하여 매큔 선교사와 서로 두 팔을 벌려 끌어안았습니다.

나는 블레어 선교사와 함께 지방 사경회를 인도하러 가서 그 예배에 참석하지 못했는데, 매큔 선교사가 후에 들려주기를, 길선주 장로가 줄을 끊으려고 몸부림치자 전 회중이 숨을 죽이고 있다가 줄이 끊어지고 길선주와 매큔 선교사가 서로 끌어안자 그 효과는 말로 설명할 수 없을 정도가 되었답니다. 수많은 남자 성도들이 자신의 죄를 고백하고자 자리에서 일어나 소리쳤고, 다른 이들은 극심한 고통의 눈물을 흘리며 마룻바닥에 몸을 내던졌답니다. 길선주 장로는 교인들에게 집으로 돌아가 사람들에게 자신의 죄를 고백하고 저녁 집회 때에 다시 오라고 했습니다.

월요일과 화요일 저녁에는 여성들을 위한 집회만 열렸는데 또다시 하나님의 강력한 능력이 나타났습니다. 그 집회의 긴장감이 너무나 컸기 때문에 한 여성은 의식을 잃었고 다른 이들도 거의 통제력을 잃을 뻔했습니다.

평양 사람들을 모두 기쁨으로 충만하게 했던 집회는 끝이 났지만, 여전히 평양 밖에 있는 시골 지역에서도 성령의 역사는 계속되었습니다. 블레어 선교사와 나는 지방 사경회를 인도하고 막 돌아왔는데, 이 사경회에서도 평양과 동일하게 성령의 역사가 나타났고, 자신의 죄로 인한 엄청난 고통과 그 죄를 자백함으로써 얻은 엄청난 기쁨과 평화가 나타났습니다.

그러므로 평양에서 시작된 이 은혜의 사역에 대하여 우리는 하나님께 최상의 감사를 드리고, 우리가 평양에서 본 것은 순전히 하나님께서 여전히 우리를 위해 준비하시고, 우리뿐 아니라 이 나라 전체를 위해 준비하신 위대한 축복이 되기를 기도합니다.[1)] 하나님께 모든 찬양을 올려 드리며, 주님의 이름이 영원, 또 영원히 영광을 받으소서!

---

3) Graham Lee, How The Spirit Came to Pyeng Yang, *The Korea Mission Field*, 1907.3. 이덕주 역, 《평양장대현교회 예배당 Pyeng Yang Changdaehyun Church and The Great Revival Movement of 1907》, 한국기독교역사박물관, 2007년, 19-31쪽.

【부록2】

목사 시골에 가다 The "Moksa[2)]" Goes to the Country

-- Adventures on a Weekend Journey in Chosen--

샤논 보이드 베일리 매큔(Shannon Boyd Bailey McCune) 저

방위량 목사(이하 방 목사)는 사위인 샤논 매큔(Shannon McCune)에게 "이번 주말에 나와 함께 시골에나 가자."라고 말문을 열었다.[3)] 그리고 나는 한 주간 동안 북한의 선교 답사 겸 예비조사에 갔다 왔다. 물론 짧은 선교 현지답사였으며 매우 흡족하지는 않았지만 직접 한국에서 선교사역을 알아볼 수 있는 기회를 가진 것만으로도 고마운 일이었다. 그렇다고 이번 시골방문이 어

4) 한글 '목사'의 로마자 표기법 'moksa'는 1937년 조지 매큔(George. S. McCune)과 하버드대의 에드윈 라이샤워 교수가 함께 만든 '매큔--라이샤워 표기법'에 따라 표기하였다. 그 후 2000년에 현재 로마자 표기법으로 개정교시 되었다.(2011.5.16. 조선일보 인용)

5) 이 글을 쓴 필자는 샤논 보이드 베일리 매큔(Shannon Boyd Bailey McCune, 1913-1993)이며 그의 부친은 조지 샤논 매큔(Dr. George S. McCune) 박사이다. 선교사 집안의 샤논 매큔은 1913년 한국 평양에서 태어나서 1935년에 미국 오하이오 주의 Wooster 대학을 졸업하고, 1937년에 Syracuse 대학교를 졸업한 뒤 한국에 왔다. 그의 부친 조지 매큔 선교사는 1929년부터 평양숭실중학과 숭실전문의 제4대 교장으로 재임하였으며 한국 이름은 윤산온(尹山溫)이다. 숭실전문에서는 1929년에서 1936년까지 근무하였고, 일제의 신사참배를 거부하여 1936년 숭실전문의 학장을 사임하고 일제에 의해 미국으로 강제 추방되었다. 샤논 매큔은 1907년 평양대부흥회의 주역인 방위량(William. N. Blair) 선교사의 세 번째 사위이다. 이 글에 나오는 사진 촬영은 샤논 매큔이 직접 촬영한 것이다. 이글은 방위량 선교사의 순회선교사역을 이해하는데 가장 현실감이 있고 상세하게 기록된 순회목회의 현장기록이라고 할 수 있다. 이 글속에 나오는 방 목사는 윌리엄 블레어 선교사를 지칭한다. 평일에는 숭실전문에서 후학들을 가르치고 주말에는 담당 선교지에 가서 교회를 돌보며 신앙 독려를 하는 초인적인 선교사역을 감당하였다. 블레어 선교사는 매큔 학장이 추방된 뒤, 평양선교부에서 북장로회 선교부의 최고 원로로써 숭실전문과 평양신학교에서 교수로 재직하면서 행정의 책임을 맡았고, 주말에는 전부터 해오던 순회선교사역을 위해 담당구역 내의 교회를 순회하며 선교사역을 하였다. 이글은 변동헌, 《그리운 방위량 선교사》, 도서출판 한빛, 출판연대미상, 11~20쪽에서 인용하여 수정한 것이다.

떤 특별한 여행은 아니고 외국 목사에게는 늘상 있는 평범하고 정기적인 주말여행이며 순회선교의 성격을 띠고 있었다.

먼저 장모님께서 침구를 준비해 주셨고 나의 처인 에디트(Edith)는 여행 중 가지고 가도록 연한 캔디묶음을 준비해두었다. 나는 카메라를 차에 옮겨 놓았다. 방 목사는 포드자동차에 휘발유를 넣고 엔진오일을 체크했다. 지금도 마찬가지로 이 자동차는 5년 전에 휴가를 가진 이래 지속적인 정비를 받아왔기 때문에 주의 깊은 조사가 필요했다.

11월 마지막 토요일 오후 3시에 우리는 북쪽으로 방향을 잡고 떠났다. 그 길은 방 목사에게는 매우 익숙한 도로였다. 왜냐하면 방 목사가 40년 동안 걸어서 아니면 당나귀, 소달구지를 이용해서 여행을 해 본적이 있었기 때문이다. 먼저 그가 사랑했던 안주(安州, 현재 안주시, 인구 약 20여만 명 거주)지역의 중심부로 들어갔다. 안주는 방 목사가 신학교를 갓 졸업하고 26세의 젊은 나이로 한국에 와서 처음으로 선교사 겸 목사로 일했던 선교담당지역이었다. 그런데 도로 상태가 좋지 않아서 자동차가 고생이 이만저만이 아니었다. 당시 도로는 원래 군대나 트럭 같은 차를 위해서 만들어졌기 때문에 승용차가 운행하기에는 힘들고 길 가에 삐죽한 바위 같은 큰 돌들이 장애가 되었다. 방 목사는 타이어가 큰 걱정이었다. 당시 고무타이어는 전시(戰時)경제에 있어서는 금(金)과 같은 존재였다.

대동강을 건너야만했다. 강을 건너가기 위해서는 자동차 넓이에 충분할 정도의 작은 너벅선 위에 차를 싣고 두 번씩 날라줘야 했다. 당시 머리에 상투를 튼 농부에서부터 금광에서 금 찾는 사람들까지 모두들 이런 도하를 말렸지만, 방 목사는 많은 나룻배에 두 개의 좁고 두꺼운 나무판자 위에 자동차를 유도해서 어두워져가는 황혼녘에 맞추어 많은 어려움을 겪지 않고 강을 건널 수 있었다. 강을 따라서 수마일 자동차를 타고 가는 동안 땔감과 항아리를 높이 쌓아 올려놓고 평양(平壤)으로 내려가는 배들을 보았다.

그날 4마일 동안 자동차를 몰고 나서 (평안남도 북부지방의) 개천(价川)읍에 들어서서 지역교회 목사님의 환영을 받고서 어느 장로님의 가정에서 숙박을 하게 되었다. 잠깐 동안 자동차에서 짐을 모두 내려놓고 나서 따뜻한 한국의 온돌방에 앉자 양말을 신은 발에 온기가 스며들었다. 우동을 한 사발 먹고 나서 방 목사님은 장로님과 그리고 교회신자들과 대화를 나누었다. 이것이야말로 한국 지도자들과 오랜 우정을 새롭게 하는 가치 있는 기회였다. 특히, 나는 아버지 윤산온 박사를 기억하고 있는 분들을 많이 만났다. 모두들 아버지의 은퇴(1936년 기독교학교의 신사참배 강요에 저항하다가 강제 추방당함)를 매우 섭섭하게 생각하고 있으며 신자들은 아버지께서 숭실(崇實)전문학교 학장으로 재임할 때를 회상하면서 선교사역을 하셨던 지난 일들을 이야기하였다. 일본 신사(神社)에 대한 질문은 있었으나 토론은 하지 않았다. 그것은 한국 지도자들이 외국 선교사의 신분을 알고 있기 때문이다.

하룻밤을 자고나서 아침에 깨어보니 푸르른 하늘에는 뭉게구름이 떠있는 전형적인 상쾌한 가을 날씨였다. 보통 한국에서 아침식사는 서양과는 거의 취향이 다른 쌀밥과 국이었다. 그래서 방 목사는 그의 작은 알코올 램프를 끄집어내더니 미국식 아침식사를 하려고 베이컨, 달걀, 그리고 커피를 꺼냈다. 아침식사를 마치고 방 목사는 주일학교 예배에 참석하셨다. 그동안 나는 장로님의 주택을 구경했다. 주택은 중산층 기독교가정의 전형적인 형태이고 한국의 온돌(Ondol)시설로 방을 덥히고 있었다. 온돌은 부엌 아궁이로부터 나온 온기가 방바닥 밑을 지나서 주택 다른 쪽에 위치한 굴뚝으로 빠져나가는 통풍장치이다. 방과 벽은 진흙과 옥수수 대로 엮어서 만들어졌으며 외벽은 석회로 하얗게 칠해졌고 내벽과 방바닥은 종이를 사용했다. 지붕은 슬레이트로 만들어서 비록 처음 시공면에서는 가격이 좀 비쌌지만 보편적인 한국의 초가지붕 보다는 더 따듯하고 청결하며 수명이 길었다. 교회 장로님은 자신의 집 뒤편에 있는 산을 활용했다. 물론 산소(山所)로 쓴 것은 아니고 사과 과수원으로 이용했다. 아침 식사 때 가져온 사과들은 맛이 좋았다. 장로님은 땔감과 곡식을 보관하고 있는 헛간 밑에 사과들을 저장해 놓은 지하실을 갖고 있었다. 집 앞에는 작은 배추밭이 있었다. 이것들을 뽑아서 김치(Kimchi or pickle)를 만드는데 사용되도록 우물곁에 산더미처럼 쌓아올려 놓았다. 사과나무 밑에는 매놓은 두 마리의 염소들과 텃밭 건너편에는 살찐 암퇘지 한 마리와 꿀꿀거리는 돼지 새끼가 사육되는 축사가 있었다. 닭들이 마당에서 모이를 쪼아 먹고 있으며 부엌의 큰 가마솥에는 닭을 삶고 있었다.

자수성가한 그 장로님은 과거를 자랑스러워하고 있었다. 그는《농민의 생활》[4]이란 책을 구독해서 보았다고 말했는데 그 책은 나의 아버지 매큔 박사께서 1928년 숭실 안라공업소의 인쇄부에서 찍어낸 잡지였고 지금은 평양에 계시는 루쓰(Mr. Lutz)씨에 의해서 편집되고 있다. 장로님의 집 안팎이 청결하고 정리정돈이 잘된 것을 보니 그 장로님이 선교사들로부터 영적인 도움뿐만 아니라 물질적인 환경을 향상시키려는 자극을 받았음에 틀림이 없다.

약 6시에 저녁 식사가 준비되었다. 그날 저녁 음식은 방 목사에게 경의를 표하기 위해서 평상시 보다는 약간 더 차려낸 것이었다. 저녁 음식은 내가 방에 앉아서 그의 부인이 준비한 진미(珍味)를 나의 젓가락들을 소리 내어 사용하여 먹도록 한 턱 내는 식사였다. 나는 시골을 다니면서 한국 음식을 주의해서 보았다. 그러나 청결한 부엌을 보니 이곳에서는 그 어떤 질병에 걸린다는 것도 두려워할 필요가 없었다. 나의 식욕에도 불구하고 나는 양초 한 자루도 잡을 수 없었고 젓가락 한 개는 말할 필요도 없었다. 방 목사는 자기의 닭국을 재빨리 마무리했고, 그리고 밥그릇을 수북이 쌓아 놓았다. 육류, 생선, 달걀들을 작은 조각으로 자른 다른 종류의 곁들여 내는 요리들은 역시 매우 훌륭했다. 그러나 나는 모든 한국 사람들의 식사 때 가장 중요한 반찬인 이 절인 김치를 한껏 즐겼다. 김치는 빨간 고추로 가득 차 있었고 입안에서 불 같이 타 올랐다. 일 년 넘게 마당에 묻어 놓은 항아리 속에 간직해 놓았다가 꺼낸, 특유한 맛을 가진 김치였다. 김치의 고춧가루는 매운 맛 때문

---

6) 조지 매큔은 장로교총회 농촌부에서 발간하는 잡지《농민생활》의 발행을 주관하였는데, 매큔 박사는 이 잡지를 통해 농촌계몽운동을 전개하였다.

에 눈물 나게 할 뿐만 아니라 내가 7년 동안 미국에 있으면서 김치 없이 지내다가 돌아왔기 때문인 것 같다.

교회종이 주일학교의 다른 분반공부를 위해서 간격을 두고 울리고 있었다. 그러나 1시에 있을 낮 예배를 알리기 위해서 더 긴 시간 동안 종을 쳤다. 전형적인 한복을 입으신 장로님께서 기쁜 소식을 말씀하셨는데 오늘 목사님께서 설교를 해주시기로 되어있음을 알리는 종소리라고 했다. 방바닥에서 일어나 각자 신발들을 신고, 툇마루 쪽으로 나와 개천읍 교회[5]로 출발했다. 그 교회는 지난 20년 동안 이 위치에 있었는데 세 차례나 연속적으로 건축을 하였다. 과거의 교회건물보다는 더 크며 지금은 교인들이 추가로 건물 하나를 더 신축하려고 계획 중이었다. 기와를 얹은 지붕과 붉은 벽돌로 만든 흰 덧문과 출입문들의 모서리를 후린 그 개천읍 교회는 특히 한국 사람들에게는 하나의 아름다운 그림이었다. 나는 사진기를 들고서 한 쪽 교회 문으로 들어가고 있는 하얀 두루마기를 입고 있는 남자들의 사진을 몇 장 찍었다. 그리고 등에 아기들을 업고 또 다른 문으로 들어가고 있는 여인들의 사진을 찍었다. 몇 명의 아이들이 놀기 위하여 밖에 나와 있었다. 다음번 출입문 안에는 목사 사택이 있었다. 그 건물은 함석지붕을 하고 있는 외관상 매우 깨끗해 보이는 현대식 가정집이다. 교회 내부에는 강단이 준비되어 있었는데 방 목사께서 칠판에 글을 쓰면서 설교할 수 있도록 큰 종이를 한 장 붙일 적당한 공간을 준비하고 있었다.

교회는 눈 깜짝 할 사이에 자리가 가득 채워졌다. 오른쪽 마루에는 여자들이 앉아 있었고, 왼쪽에는 남자들이 앉아 있었다. 그래서 예배가 시작될 때에는 남아 있는 자리가 거의 없었다. 다른 비슷한 장로교회(長老教會)의 예배들이 전 세계 곳곳에서 올려지고 있었으나 차이는 크지 않았다. 이곳에서 신자들은 전심으로 찬송가를 부르는 데 참여하였고 한 장로가 예배의 대표기

---

7) 개천(价川)읍교회는 평안남도 북부의 개천읍에 위치하였는데, 개천읍은 2007년 현재 개천시이며 인구는 33만 6천여 명이다.

도를 하였다. 모든 신자들은 방 목사님의 설교를 주의 깊게 경청하였다. 두 명의 형사들이 내 앞에 앉아서 방 목사님의 설교를 자세하게 메모하고 있었다.(한국은 특히 외국인들에게 자유로운 국가가 되기에는 한참 멀었다.) 그러나 방 목사는 그의 설교가 교회에 앉아 있는 200명이 넘는 신자들에게 들려지고 있다는 사실을 알고 만족할 수 있었다.

개천읍교회 예배당을 나오는 방위량 목사 : 당시 교회는 두 개의 출입문이 있어 남녀가 각각 다른 문으로 출입하였다.

교회에서 예배가 끝나자마자 방 목사님은 구두를 신고 주차되어 있는 자동차 쪽으로 갔다. 자동차 덮개를 급히 걷어 올리고 우리들은 개천(价川)읍 서북쪽에 있는 한 작은 마을을 향해 10마일 정도 가기 위해서 출발했다. 여기에서 우리는 차에서 내렸고 다시 자동차 덮개로 차를 덮었다. 그리고 걸어서 갔다. 이 맑은 가을날에 한국의 시골길을 한 시간 정도 걸어서 갔다. 우리들은 작은 인도교가 놓인 냇가를 건너가야만 했다. 그리고 언덕 마루 밑에 밀집해 있는 작은 마을 위에 높이 솟아 있는 외로운 소나무들이 멋있게 보였다. 우리들은 가는 도중에 한 동료 여행자와 서로 아는 사이가 되었고 바로 대화를 시작했다. 못 한 개가 방 목사 구두 뒤축을 통하여 삐져나왔다. 그래서 돌을 가지고 수선하기 위하여 몸을 웅크리고 앉았다.

이 도로 역시 방 목사에게는 매우 익숙한 길이었다. 그리고 젊은 시절에 이 지역을 개척했던 지난 일들을 즐겁게 이야기하였다. 비둘기들이 앉아 있곤 했던 바위들과 이전에는 꿩들로 가득했던 산허리를 그는 손으로 지적했다. 그는 엽총 한 자루를 가졌던 지난 시절을 그리워하면서 한탄했다. 그리고 형식에 너무 사로잡히지 않았다면 오리나 사슴을 한 쌍씩 집으로 가져 올 수도 있었을 것이다. 그러나 방 목사에게 가장 큰 기쁨은 동료 여행자에게 예수에 관한 전도이야기를 하는 것이었다. 나는 한국어를 대부분 잊어버렸다. 그러나 간단한 이야기는 할 수 있었고 사람들이 알아들을 수도 있었다. 방 목사의 말씀이 옥토(沃土)에 떨어졌다. 왜냐하면 동행하던 그 신사가 깊은 감동을 받았기 때문이었다.

약 4시쯤에 우리들은 굴창고리 혹은 바위마을 장터라는 작은 마을에 들어섰다. 그 교회는 수년 전에 시작되었으나 기복(起伏)이 있었던 곳이었다. 방 목사는 4년 넘게 이 고립된 골짜기로 들어 갈 수가 없었다. 그래서 이번 방문은 교회와 마을 사람들에게는 하나의 실질적인 큰 행사가 되었다. 마을 한 모퉁이에 자리 잡은 이 작은 교회는 새롭게 치장을 해서 선명하고 깨끗하게 보였다. 방 목사는 100호(戶)나 되는 마을을 이리저리 걸어 다니면서 타작마당에서 일하고 있는 타작하는 사람들과 이야기를 나누면서 저녁 예배에 참석하도록 그들을 초청하였다. 또 방 목사는 몇몇 불신자들을 방문했고 흥미를 갖고 있던 몇몇 젊은이들과 면담도 나누었다.

5시에 우리들은 그 지역의 장로님 댁을 방문했다. 장로님 집은 2칸짜리 시골집이었고 초가지붕의 처마 밑 큰 자루 속에는 새로 탈곡한 쌀을 쌓아 놓았다. 가까운 헛간에 소가 있었다. 비록 그 마을이 미개하고 가난한 모습일지라도 환영과 온정의 마음이 장로님과 그의 부인이 살던 이웃 사람들을 감동시켰다는 것은 틀림없는 사실이다. 이 마을에는 목사가 없었다. 그러나 믿음이 좋은 장로님과 성실한 집사님이 마을의 작은 교회를 살아 움직이도록 지켜오고 있었다.

저녁 식사로는 김치, 쌀밥, 그리고 닭고기가 나왔다. 이 모두가 특별히 방문객들을 위해서 준비했던 것이다. 나는 매큔 박사님의 아들이 오셨다고 소개받는 것이 매우 흥미로웠다. 한 불신자(不信者)인 나이 많은 그 마을 지도자께서 아버지를 한국 이름으로 부르는 것을 들으니 가슴이 흐뭇하게 느껴졌다. 그 노인은 “윤 목사님의 이름은 모든 한국 사람들의 가슴 속에 있습니다.”라고 말했다.

6시에 작은 종을 쳐서 어린이 예배임을 알려 주었다. 그 작은 교회는 크기가 너비 약 2.4미터와 길이 약 7.3미터 규모의 방과 너비 약 2.4미터와 길이 약 3.7미터 크기의 여자들을 위해서 남겨 둔 뒤쪽에 또 다른 방이 있었는데 조금 있으니 크고 작은 여러 아이들이 방을 꽉 채웠다. 약 60명의 아이들이 들어왔고 모두들 앞쪽에서부터 시끄럽게 떠들기 시작했다. 그러자 젊은 집사 한 분이 일어서서 아이들의 떠드는 목청을 갈라놓으려고 찬송가 “예수 사랑하심은 거룩하신 말일세”를 불렀다. 그동안 방 목사는 교회 벽에 몇 장의 도화지를 압정으로 고정시켜 놓았다. 몇 분 안에 모든 어린이들이 입증된 한국식으로 묻는 말에 크게 고함을 치면서 대답을 하고 있었다. 당시 방 목사님은 《사도행전》에 나오는 미문(美門)이라는 성전 문에서 나면서부터 걷지 못하던 앉은뱅이를 베드로와 요한이 고쳐주는 이야기를 삽화를 넣어서 설교하였다.(《사도행전》 3장 1절~10절 내용).

좀 더 나이 많은 사람들이 계속해서 교회로 들어왔고 방들이 점점 더 가득 차서 용신(容身)할 수가 없게 되었다. 어린이 예배가 끝나자 어린이들은 밖으로 안내되었고(오히려 간신히 밖으로 빠져나갔다고 표현해야 될 것이다), 다시 한 번 방은 그 마을의 어른들로 채워졌다. 밖에는 80명 정도의 사람들이 모여 있었는데 그들은 안으로 들어가기를 너무 부끄러워하고 있었다. 방 목사님은 이번에는 어른들을 상대로 기독교의 기본적인 신앙에 대해서 몇 가지 말씀하시고 이어서 변화된 삶에 대하여 어떤 의미가 있는지를 설교하셨다. 설교의 마지막 부분에 가서 목사님은 참석한 어른들에게 변화된 삶에 대하여 명확히 찬성을 원하는 사람들은 손을 들어 표시해 달라고 말씀하셨다. 80명이 손을 들었으며 몇 명은 장로님과 집사님에 의해서 그와 같은 찬성에 대하여 준비가 되도록 했다. 그들은 오직 자신의 태도를 확실하게 해서 방 목사님 앞으로 나오는 자극이 필요했다. 길에서 만났던 우리 동료 여행자는 예배 마지막쯤에 들어왔다. 그리고 변화된 삶에 대해 들었지만 결정을 내리기 전에 좀 더 신앙공부하기를 원한다고 하였다.

저녁 예배를 마치자 바로 그 마을을 떠나 자동차가 주차되어 있는 곳으로 되돌아갔다. 수많은 교인들이 한국의 관습에 따라 우리들과 함께 처음 동행했던 길 끝까지 마중을 나왔다. 보름달이 떠오르자 마을이 보이고 저녁 불꽃으로부터 나선 모양의 가느다란 굴뚝의 연기 줄기가 산 모서리 위에 편안하게 자리 잡고 있었다. 잊을 수 없는 보름달이었다. 우리들은 교인들과 작별인사를 하고 서늘한 가을 공기 속의 아름다운 밤 풍경을 보면서 걸어갔다.

우리들은 변화된 삶을 살기로 확실하게 결정했던 80명에 대하여 거슬러 올라가 생각하지 않을 수 없었다. 우리들은 믿기로 작정한 80명의 사람들이 그 마을의 일상생활 가운데서 변함없는 모습으로 배겨 낼 수 있을는지, 혹은 그들의 조국이 사라져 없어져 가는 격렬한 세월 속에서도 오래 갈 수 있을지를 생각해 보았다. 방 목사는 우리의 동료 여행자가 어떻게 특유의 반응을 보일것인지에 대하여 의견을 말했다. 방 목사는 그가 신실하게 감동을 받았더라도 아직은 전통과 관습에 묶여있어서 자신의 신앙과 생활을 바르고 완전하게 변화시킬 수 없다는 사실을 감지하신 것 같았다.

곧 우리들은 장로님의 가정에서 밤을 보내려고 개천(价川)읍으로 가기 위하여 자동차 있는 곳으로 돌아왔다. 우리들은 오후에 있을 평양 집회(集會) 때문에 시간을 맞추기 위해서 그날 아침 일찍 일어났다. 우리들은 집으로 가는 다른 여로를 택했고 큰 도시에 교회 한 곳밖에 없는 또 다른 방 목사의 선교 지역과 작은 마을들의 많은 교회에서 모두 집단 모임들을 참석하지 못하고 통과해 나갔다. 방 목사는 전에 주일날 갔다 왔던 그 교회에 대해 말하였다. 이번 여행은 나에게는 특별한 의미가 있었지만 그러나 아마도 한국의 여러 지역에 흩어져 사역하는 외국인 선교사들에게는 일상적인 일들이라는 인상을 받았다. 방 목사는 그렇게 빨리 평양으로 되돌아가야 하는 것이 섭섭하게 느꼈지만 도시에서 해야 할 사역과 책임들이 그를 기다리고 있었다. 방 목사는 그러한 힘든 세월을 거치면서 방 목사의 방문으로 격려와 힘을 얻을 수 있는 80명의 시골교회 사람들이나 혹은 더 많은 교회들을 방문할 시간을 갖기 원했다.

【부록3】 블레어의 선교문서

1. 〈진흥운동〉, 《신학지남》 제2권 제4집, 1919

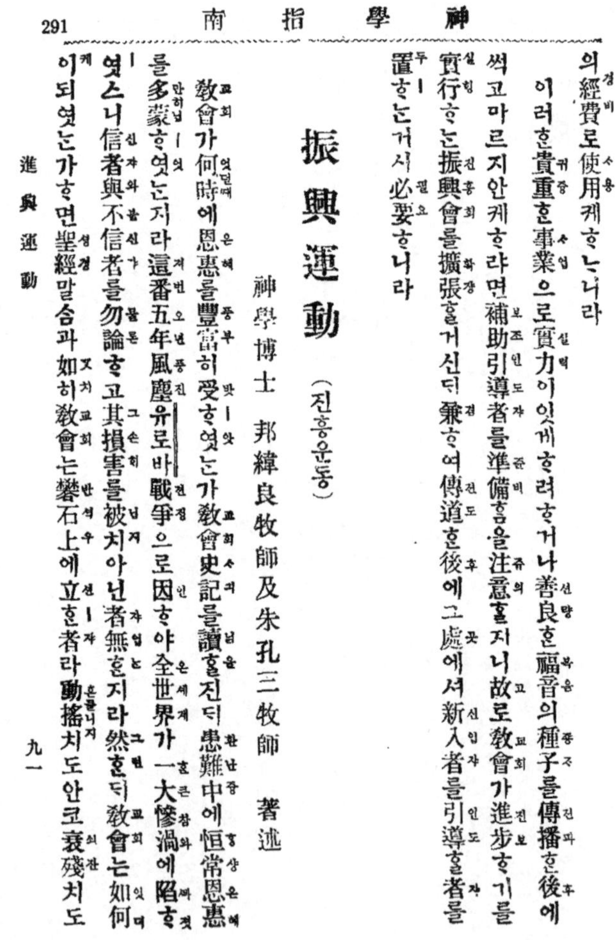

의經費로使用케ᄒᆞᄂᆞ니라

이러ᄒᆞᆫ貴重ᄒᆞᆫ事業으로實力이잇게ᄒᆞ려ᄒᆞ거나善良ᄒᆞᆫ福音의種子를傳播ᄒᆞᆫ後에
썩고마르지안케ᄒᆞ랴면補助引導者를準備ᄒᆞᆷ을注意ᄒᆞᆯ지니故로教會가進步ᄒᆞ기를
實行ᄒᆞᄂᆞᆫ振興會를擴張ᄒᆞᆯ거신ᄃᆡ兼ᄒᆞ여傳道ᄒᆞᆫ後에그處에서新入者를引導ᄒᆞᆯ者를
置ᄒᆞᄂᆞᆫ거시必要ᄒᆞ니라

振興運動 (진흥운동)

神學博士 邦緯良牧師及朱孔三牧師 著述

教會가何時에恩惠를豐富히受ᄒᆞ엿ᄂᆞᆫ가教會史記를讀ᄒᆞᆯ진ᄃᆡ患難中에恒常恩惠
를多蒙ᄒᆞ엿ᄂᆞᆫ지라這番五年風塵유로바戰爭으로因ᄒᆞ야全世界가一大慘禍에陷ᄒᆞ
ㅣ엿스니信者與不信者를勿論ᄒᆞ고其損害를被치아닌者無ᄒᆞᆫ지라然ᄒᆞᆫᄃᆡ教會ᄂᆞᆫ如何
이되엿ᄂᆞᆫ가ᄒᆞ면聖經말솜과如히教會ᄂᆞᆫ磐石上에立ᄒᆞᆫ者라動搖치도안코衰殘치도

아닐뿐더러도로혀興旺盛大케됨特殊ᄒᆞᆫ恩寵을被ᄒᆞ엿는지라彼美國으로論ᄒᆞ면유로바戰爭에參加ᄒᆞᆫ지未幾에全國人民이大熱心을내여戰費를爲ᄒᆞ야巨大ᄒᆞᆫ即不可勝算ᄒᆞᆯ金錢을義捐ᄒᆞᆯ뿐아니라戰爭의慘禍로彼飢死의臨ᄒᆞᆫ白義耳人民을救濟ᄒᆞ기爲ᄒᆞ야數百萬의巨額을互相爭捐ᄒᆞ엿스니如此ᄒᆞᆫ美擧中에教會가刺戟을受ᄒᆞ야一大覺悟의境에至ᄒᆞᆫ지라

戰爭始初에는信者與不信者를勿論ᄒᆞ고一般國民의資格으로戰爭에熱心相關ᄒᆞ엿스나그러나教人들은神靈ᄒᆞᆫ方面에對ᄒᆞ야覺醒ᄒᆞᆫ事가잇슴으로우리가福音을熱心傳播ᄒᆞ야天下로ᄒᆞ여곰主예수의德化를眞正으로被케ᄒᆞ엿든들今日에如此慘酷ᄒᆞᆫ戰亂이不起ᄒᆞ여슬지도未知라ᄒᆞ야今日에라도福音傳播에全力을竭홈에서더必要홈이無ᄒᆞ다ᄒᆞ야先次로沈禮教會에서브터教會를進興케ᄒᆞ기爲ᄒᆞ야活動을始作ᄒᆞ엿고監理教會에서도外國傳道百年記念會를機會로삼아五個年間繼續的으로內外國의教會를進興케ᄒᆞᆯ目的으로巨大ᄒᆞᆫ預算을立案ᄒᆞ고活動을開始ᄒᆞ엿스며우리

長老教會에서도新造時代란問題로演說을施ᄒᆞ며進興運動을始作ᄒᆞ야五個年間繼續進行ᄒᆞ기로決定ᄒᆞᆫ지라

우리朝鮮長老教會가年來로睡眠時代에處ᄒᆞ엿더니더美洲에各教會의活動ᄒᆞᆷ과如히今番總會에서도教會를進興케ᄒᆞᆯ目的으로進興部를組織케되엿스니主의恩惠를感謝不已ᄒᆞ노라

活動順序의大概를論ᄒᆞ면三個年으로定限을ᄒᆞ고第一年에는準備의目的으로本來브터施行ᄒᆞ든方法을基礎삼아教會의會集ᄒᆞᆷ과祈禱ᄒᆞᆷ을特別히盡力케ᄒᆞ고第二年에는大活動으로全國教會에復興會를開催ᄒᆞ겟고第三年에는主日學校와青年을爲ᄒᆞ야活動ᄒᆞ기로經營ᄒᆞᆫ지라

第一年進行ᄒᆞᆯ細々事項은總會에서決議ᄒᆞᆫ九個條로成ᄒᆞᆫ進興比較表이니 一은主日禮拜의會集數가現在보다四分之一以上을增加케ᄒᆞᆯ事이오 二는三日祈禱의會集數가現在보다倍以上增加케ᄒᆞᆯ事이오 三은主日學校의會集數가現在보다四

分之一以上增加케ᄒᆞᆯ거시오(幼年ᄭ지) 四는家族祈禱會가現在보다倍以上增加케ᄒᆞᆯ거시오 五는査經會員數가現在보다四分之一以上增加케ᄒᆞᆯ거시오 六은聖經學生數가現在보다四分之一以上增加케ᄒᆞᆯ거시오 七은申報購覽者數가現在보다倍以上增加케ᄒᆞᆯ거오 八은敎役者를爲ᄒᆞᆫ捐補가現在보다倍以上增加케ᄒᆞᆯ거시오 九는傳道局損補가現在보다倍以上增加케ᄒᆞᆯ事이라

以上決議대로目的을達키爲ᄒᆞ야數語의愚見을下와如히陳述ᄒᆞ오니進行의參考ᄒᆞ심을切希ᄒᆞ노라先히以上九個條를大書(已爲配付ᄒᆞᆫ進興比較表대로書ᄒᆞ되進興케ᄒᆞᆯ數字는朱墨으로書ᄒᆞᆯ것)ᄒᆞ야禮拜堂壁上에付ᄒᆞ고時々로朱墨으로書ᄒᆞᆫ數字를指示ᄒᆞ며敎人들을提醒식힐거시오또ᄒᆞᆫ此九條를逐條ᄒᆞ야敎會前에有力ᄒᆞ게講說도ᄒᆞ고家族祈禱에對ᄒᆞ야는名簿를作成ᄒᆞ야作定ᄒᆞ는이로入錄을ᄒᆞ게ᄒᆞ며또特別大會集主日을定ᄒᆞ고一般信者로盡力活動케ᄒᆞ야一人이라도漏落업시集會ᄒᆞ야盛大ᄒᆞ고滋味스러운禮拜를볼거시며聖經每日課와申報購覽을奬勵ᄒᆞᆯ거시라此

를成功ᄒᆞᄂᆞᆫ거ᄉᆞᆫ人이謀ᄒᆞ고動ᄒᆞᆷ에만在치안코天父의權能의在ᄒᆞᆷ은勿論이라故로聖神의特別ᄒᆞᆫ感動을受ᄒᆞ기로懇求ᄒᆞᆯ지로다惟願컨ᄃᆡ來年總會席上에셔目的以上에達ᄒᆞᆫ榮光의報告를活潑히朗讀케되기를千萬企望ᄒᆞ노라

記述的講道 (긔슐뎍강도)

예수의居ᄒᆞ실만ᄒᆞᆫ處가無ᄒᆞᆷ

神學博士 제、에 ᄌᆞ、자 웟 牧師 著述

本文 눅二〇七「舍館에容納ᄒᆞᆯ處가無ᄒᆞᆷ일너라」

벳울네헴에吾儕의主ᄭᅴ셔居ᄒᆞ실만ᄒᆞᆫ處가無타ᄂᆞᆫ言을見ᄒᆞ니예수의全生活形便을說明ᄒᆞᄂᆞᆫ言이외다예수ᄭᅴ셔肉體로生存ᄒᆞ실時ᄲᅮᆫ아니오今日ᄭᆞ지도亦然ᄒᆞ니世人이凡百事에其重要ᄒᆞᆫ座에ᄂᆞᆫ居ᄒᆞ시기를不許ᄒᆞ고其邊에만居ᄒᆞ게ᄒᆞᆷᄂᆞ니다此世에예수의居ᄒᆞ실만ᄒᆞᆫ處ᄂᆞᆫ人의心殿인ᄃᆡ吾儕가屢히祈禱ᄒᆞ기를「예수여來ᄒᆞ서셔吾

2. 〈주일학교 헌신에 대하여〉, 《신학지남》 제7권 제1집, 1925

혜를구ᄒᆞᆯ직분이잇스니ᄌᆞ녀의죄를몰니칠힘이넉넉ᄒᆞ니라가뎡안에데일요긴ᄒᆞᆫ
거슨부모의ᄉᆞ랑과ᄋᆞ희들과잘교제ᄒᆞᄂᆞᆫ것도아니며일용량식이나의복을베프ᄂᆞᆫ
것이아니며ᄌᆞ녀들이이셰상에셔잘살게ᄀᆞᄅᆞ치ᄂᆞᆫ것도아니오오직죄에셔노힘을
밧고하ᄂᆞ님압헤살아텬당에잇ᄂᆞᆫ권속의즐거움을밧게ᄒᆞᄂᆞᆫ거시니라

宗(종)敎(교)通(통)信(신)

쥬일학교헌신년에디ᄒᆞ야 신학박ᄉᆞ 방위량목ᄉᆞ

일천구빅십구년곳지금브터五년젼에츅회에셔처음으로진흥부를세울때에ᄂᆞᆫ三년
간만진흥운동을경영ᄒᆞ기로ᄉᆡᆼ각ᄒᆞ야뎨일년에ᄂᆞᆫ긔도로예비ᄒᆞ며뎨二년에ᄂᆞᆫ각교
회의부흥을도모ᄒᆞ고뎨三년에ᄂᆞᆫ쥬일학교를위ᄒᆞ야힘쓰기로ᄒᆞ야곳작뎡ᄒᆞᆫ대로실
힝ᄒᆞ엿다그러ᄒᆞᆫ즁에뎨三년에쥬일학교진흥을도모ᄒᆞᆯ때에ᄂᆞᆫ특별히만흔은혜를밧
고만흔취미와효파를엇엇슴으로쥬일학교련합회의셔ᄂᆞᆫ二년간더쥬일학교진흥운
동을계속ᄒᆞ기로작뎡ᄒᆞ야만국쥬일학교대회에셔ᄂᆞᆫ특별히됴흔션싱을파송ᄒᆞ야ᄒᆞᆨ

은강연회혹은강습회로쳐々에열은것은독쟈여러분의긔억에아직새로울바이다 파연지난三년동안은젼션쥬일학교가진보ᄒᆞ고발젼ᄒᆞᆷ이만핫다三년젼ᄭᆞ지쟝로교회안쥬일학교의형편은유년부ᄭᆞ지조직ᄒᆞᆫ쥬일학교는별노히업섯스나지금은二쳔여교회즁에三분지二이샹이유년부ᄭᆞ지조직ᄒᆞᆫ쥬일학교가잇스며금년총회의통계보고를샹고ᄒᆞᆫ매쟝년부에학싱이十만九쳔六빅六十二인유년부학싱이七만六쳔四빅五十三인이며교ᄉᆞ는쟝년부에八쳔四빅四인을보고ᄒᆞ엿스되유년부에는八쳔七빅十三인을보고ᄒᆞ엿다五년젼우리쟝로교회안에다만二만九쳔三빅八十二명의ᄋᆞ희가유년부에서공부ᄒᆞᆫ것파거의三비나즁가된지금파비교ᄒᆞ면실노괄녹지안을수업다또ᄒᆞᆫ쥬일학교를위ᄒᆞ야진흥운동을ᄒᆞᄂᆞᆫ즁에특별히하ᄂᆞ님ᄭᅴ감샤ᄒᆞᆫ것은각쳐에다수ᄒᆞᆫ청년들이니러나교ᄉᆞ가되여쥬일마다유년부안에서셩경을ᄀᆞᄅᆞ치며훈련ᄒᆞ야하ᄂᆞ님의ᄉᆞ역자를만히비양ᄒᆞᆷ으로이후에만흔교회의희망이보인ᄂᆞ다

그러나ᄯᅩᄒᆞᆫ편으로우리교회의실샹을ᄌᆞ셰히관찰ᄒᆞ면만히연약ᄒᆞ여진것도적지아니ᄒᆞ다쥬일을직힘이나긔도회로모힘이나젼도를ᄒᆞᄂᆞᆫ거시나연보ᄒᆞᄂᆞᆫ협이나기타여러가지방면으로젼에만ᄀᆞᆺ지못ᄒᆞᆯᄲᅮᆫ아니라오히려ᄯᅥ러진모양이이슴을볼ᄯᅢ에교

회를ᄉᆞ랑ᄒᆞᆫ논쟈ㅣ엇지념려ᄒᆞ고ᄉᆡᆼ각지아니ᄒᆞᆯ바이랴그런고로금년총회에서ᄂᆞᆫ만히ᄉᆡᆼ각ᄒᆞ고토의ᄒᆞᆫ결과금년을특별히쥬일학교헌신년으로지나기를작뎡ᄒᆞ엿다

그리ᄒᆞ야각교회로ᄒᆞ여금각쥬일학교로ᄒᆞ여금온젼히쥬ᄭᅴ몸을드리ᄂᆞᆫ신셩ᄒᆞᆫ쥬일학교가되기를긔ᄒᆞᆫ다그러면온쥬일학교가참으로헌신의은혜를밧으려면그쥬일학교를인도ᄒᆞ고ᄀᆞᄅᆞ치ᄂᆞᆫ각션ᄉᆡᆼᄌᆞ신브터몬져쥬ᄭᅴ몸을드리고참으로은혜를밧지아니ᄒᆞ면아니되겟슴으로각교회로ᄒᆞ여금一뎡ᄒᆞᆫ디방에쟝년부、유년부、남ᄌᆞ부、녀ᄌᆞ부의션ᄉᆡᆼ을물론ᄒᆞ고다ᄀᆞᆺ치특별헌신긔도회로모히게ᄒᆞ엿다그리ᄒᆞ야몬져헌신의은혜를밧은후각쥬일학교안에서一년동안합당ᄒᆞᆫ밧칠을ᄯᆞ라쟝년유년모든학ᄉᆡᆼ들노ᄒᆞ여금참으로하ᄂᆞ님ᄭᅴ몸을밧치ᄂᆞᆫ학ᄉᆡᆼ들이되게ᄒᆞ기위ᄒᆞ야긔도ᄒᆞ고힘쓸것이다아마총회의작뎡대로임의헌신긔도회로모혓던곳도잇스며모히ᄂᆞᆫ곳도잇슬줄아나보통으로七八교회쥬일학교션ᄉᆡᆼ이ᄒᆞᆫ곳에모혀이문데로강도도드르며토론도ᄒᆞ야엇더ᄒᆞ던지쥬일학교의근본목뎍인모든학ᄉᆡᆼ으로ᄒᆞ여금참그리스도인을만들며나아가ᄉᆞ역쟈ᄭᆞ지인도ᄒᆞ도록긔도ᄒᆞᄂᆞᆫ즁션ᄉᆡᆼᄌᆞ신브터온젼히헌신ᄒᆞ기를작뎡ᄒᆞᆯ것이다그외에각々디방의형편과쥬위의ᄉᆞ졍을ᄯᆞ라이운동을힘쓰되혹은쥬일

학교션ᄉᆡᆼ들이쥬일마다모혀이문뎨를위ᄒᆞ야긔도ᄒᆞᄂᆞᆫ것도됴ᄒᆞ며혹은각션ᄉᆡᆼ들이ᄌᆞ긔가ᄀᆞᄅᆞ치ᄂᆞᆫ학ᄉᆡᆼ들을각〃ᄌᆞ긔집으로쳥ᄒᆞ야一쥬일간헌신긔도회로모히ᄂᆞᆫ것이심히유익ᄒᆞᆫ줄암ᄂᆞ니다각교역쟈ᄂᆞᆫ임의이문뎨를위ᄒᆞ야강도도ᄒᆞᆫ줄아지마ᄂᆞᆫ아직도그러치못ᄒᆞᆫ곳이잇스면속히이문뎨로신령ᄒᆞ게교인을인도ᄒᆞᆯ지며특별히부활쥬일젼일쥬일동안은온교회가특별헌신긔도회로모힐수잇스면얼마나유익을밧을는지모ᄅᆞᆫ다이와ᄀᆞᆺ치혹은긔도회로혹은개인으로권면ᄒᆞ야금년一년동안에어린ᄋᆞ회로브터어룬ᄭᆞ지온교인들이ᄎᆞᆷ으로헌신ᄒᆞᄂᆞᆫ교인이되면셰상에비록여러가지곤난ᄒᆞᆫ일이만ᄒᆞ나이교회ᄂᆞᆫ크게부흥ᄒᆞᆯ지며ᄯᆞ라셔외모로만왕셩ᄒᆞ지안코ᄎᆞᆷ으로은혜밧ᄂᆞᆫ교회가되여하ᄂᆞ님을위ᄒᆞ야모든ᄒᆞᆯ일을무엇이나녁〃히감당ᄒᆞ야나아갈줄노밋은바이다그런ᄃᆡ특별히ᄒᆞᆫ가지쥬의ᄒᆞᆯ것은이처럼헌신긔도회로모힘이심히필요ᄒᆞᆫ나무슴특별ᄒᆞᆫ회와ᄀᆞᆺ치회를조직ᄒᆞ면교인즁엇던이ᄂᆞᆫ회원이되고엇던이ᄂᆞᆫ회원이되지아니ᄒᆞ야별노유익은업고오히려해가될가념려ᄒᆞ오니모든교ᄉᆞ가다ᄀᆞᆺ치다만긔도회로모히며온교회가그처럼ᄒᆞ야온교회가모다헌신의은혜밧기를위ᄒᆞ야힘쓸것이다

3. 〈세인들이 알지 못하는 양식〉, 《신학지남》 제9권 제3집, 1925

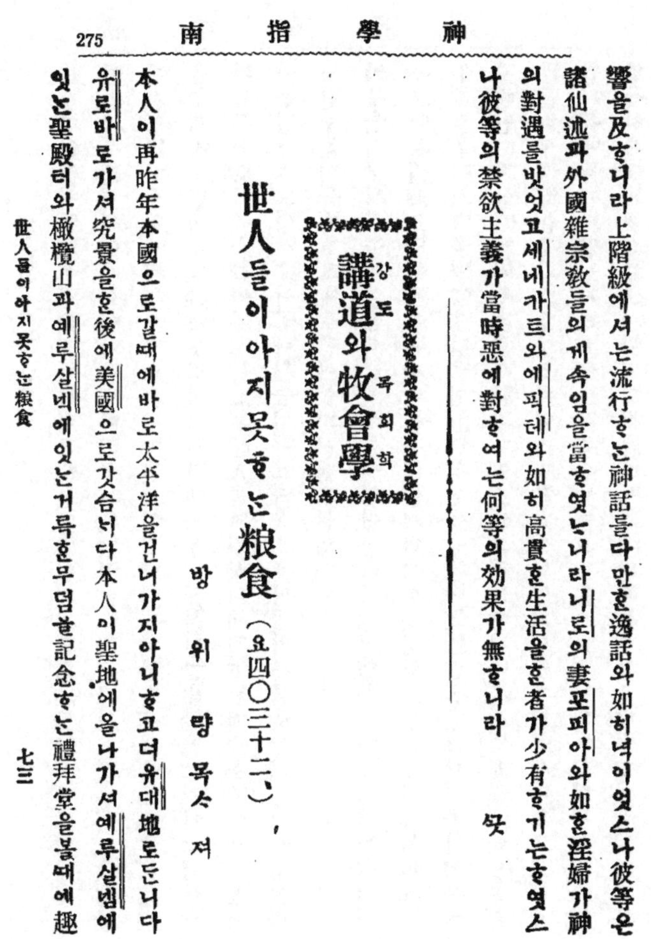

響을及ᄒᆞ니라上階級에셔는流行ᄒᆞ는神話를다만ᄒᆞᆫ逸話와如히녁이엿스나彼等은諸仙流파外國雜宗敎들의계속임을當ᄒᆞ엿ᄂᆞ니라니로의妻포피아와如ᄒᆞᆫ淫婦가神의對遇를밧엇고세네카트와에픽테와如히高貴ᄒᆞᆫ生活을ᄒᆞᆫ者가少有ᄒᆞ기는ᄒᆞ엿스나彼等의禁欲主義가當時惡에對ᄒᆞ여는何等의効果가無ᄒᆞ니라

끗

講道와牧會學 (강도목회학)

世人들이아지못ᄒᆞᄂᆞᆫ粮食 (요四〇三十二),

방위량 목ᄉᆞ 져

本人이再昨年本國으로갈때에바로太平洋을건너가지아니ᄒᆞ고더유대地로ᄃᆞᆫ니다유로바로가셔究竟을ᄒᆞᆫ後에美國으로갓슴니다本人이聖地에올나가셔예루살렘에잇ᄂᆞᆫ聖殿터와橄欖山과예루살넴에잇는거륵ᄒᆞᆫ무덤並記念ᄒᆞ는禮拜堂을볼때에趣

味를만히엇어特別히感化를만히밧은때를말ᄒᆞ면저와제家族들이사마리아에잇는
야곱의우물겻헤안져슬때이올세다至今은聖殿터에聖殿은다업서젓고回々教堂만
서셔잇는거슬볼때에셥々ᄒᆞᆫᄆᆞᄋᆞᆷ이져절노싱깁데다또거룩ᄒᆞᆫ무덤을記念ᄒᆞᄂᆞᆫ禮堂
을볼때에主님이十字架에못박혓던자리에서운거시아닌가生覺이납니다그안에드
러가본즉로마敎人들이偶像과ᄀᆞᆺᄒᆞᆫ聖人들의화샹의게절ᄒᆞᄂᆞᆫ거슬볼때에제ᄆᆞᄋᆞᆷ이
너무갑々ᄒᆞ고답々ᄒᆞ야곳나왓슴니다 그다음으로야곱의우물을가셔본즉녯적브터
잇던우물이分明ᄒᆞ고예수님이안지시던우물입데다
이우물어구에큰돌이잇는ᄃᆡ물을기를때마다바줄에달아업서진거슬보니이돌이미
우오래된證據요아마예수ᄭᅴ셔이돌우에안져계시던곳인줄노生覺ᄒᆞ엿슴니다또그
우물물을떠셔먹을때에主님을만히련샹ᄒᆞ엿슴니다聖經말솜을보니예수님이우물
겻헤안져계실때에ᄆᆡ우困ᄒᆞ시더라ᄒᆞ엿소웨그런고ᄒᆞ니예루살넴에갓가히잇는百
姓들의게傳道를ᄒᆞ랴고ᄒᆞ엿스나바리새敎人들이밋지안코主님을싀긔홈으로ᄒᆞᆯ수
업시유대를떠나갈닐니地方에도라왓슴니다그ᄭᆞ닭으로主님의ᄆᆞᄋᆞᆷ이무서워그날
일ᄌᆞᆨ히유대北便으로오시다가아직點心때는치되지못ᄒᆞ엿스나困ᄒᆞ심을이긔지못

ᄒᆞ야야곱우물겻헤안저셔弟子들의게命ᄒᆞ샤무엇잡수실거ᄉᆞᆯ사러보냇던거시올세다또ᄒᆞᆫ제가特別ᄒᆞᆫ感化를밧은거ᄉᆞᆫ예수ᄭᅴ셔안지셧던곳에안저눈을감고ᄀᆞ만히精神을슈습ᄒᆞ야默想ᄒᆞᆫ즉예수님ᄭᅴ셔제겻헤안저계신것ᄀᆞᆺ습데다主님이엇지困ᄒᆞ셧겟ᄂᆞᆫ지요예수ᄭᅴ셔ᄂᆞᆫ온사ᄅᆞᆷ들의罪를다지셧습니다사ᄅᆞᆷ들이그의ᄉᆞ랑을ᄭᆡᄃᆞ라主를밋엇더면깃버ᄒᆞ엿슬터이나밋지안코도로혀죽이랴고ᄒᆞ엿ᄂᆞᆫᄃᆡ落心ᄒᆞ지ᄂᆞᆫ아니ᄒᆞ셧ᄉᆞ나괴로워ᄒᆞ신줄노암ᄂᆡ다

예수님ᄭᅴ셔이러케困苦ᄒᆞ신거ᄉᆞᆯ生覺ᄒᆞ매셥ᄉᆞᄒᆞ나제가위로를ᄉᆞᄉᆞ로밧은거ᄉᆞᆫ우리가또ᄒᆞᆫ어려운일을當ᄒᆞᆯ때에主님이우리因難을잘아시고同情ᄒᆞ신줄노ᄭᆡᄃᆞ랏습니다只今우리ᄂᆞᆫ敎會形便을본즉ᄆᆡ우困ᄒᆞᆫ貌樣이만히보입니다

世上便으로生覺ᄒᆞ면落心ᄒᆞᆯ일이만슴니다學校를爲ᄒᆞ야만흔힘을쓰ᄃᆡ우리의ᄆᆞᄋᆞᆷ대로되지아니ᄒᆞ고敎人들이너무貧乏ᄒᆞᆫ故로敎役者의月捧을足히支拂치못ᄒᆞᆯ쁜外라許諾ᄒᆞᆫ때로내지못ᄒᆞᄂᆞᆫ敎會도만슴니다제가本國에셔도라와셔여러兄弟들의말ᄉᆞᆷ을드러본즉果然온敎會가甚히困ᄒᆞᆫ모양이줄알앗슴니다只今敎會形便을生覺ᄒᆞ면아조落心ᄒᆞ지ᄂᆞᆫ아니ᄒᆞ엿ᄉᆞ나너무어려운中에잇슴으로얼마ᄂᆞᆯ더前進ᄒᆞ지못ᄒᆞ

야中途에안져셔쉬일모양이올세다그러ᄒᆞ되우리ᄂᆞᆫ또ᄒᆞᆫ便으로生覺을ᄒᆞ여야ᄒᆞᆯ거ᄉᆞᆫ主님ᄭᅴ셔우리의困難밧은거ᄉᆞᆯ當身이代身으로親히當ᄒᆞ엿ᄉᆞᆫ즉그ᄂᆞᆫ完全ᄒᆞ신大祭司長이되시샤괴로온中에잇ᄂᆞᆫ우리들을同情ᄒᆞ시고能히慰勞ᄒᆞ실만ᄒᆞᆫ主시오主ᄭᅴ셔우리들을親近히ᄒᆞ샤우리의피로옴當ᄒᆞᆫ거ᄉᆞᆯ慰勞ᄒᆞ시며우리로ᄒᆞ여곰이길힘과能力을주시ᄂᆞᆫ거ᄉᆞᆯ生覺ᄒᆞᆯᄉᆞ록우리ᄂᆞᆫ感謝ᄒᆞᆯ生覺이남니다

聖經을본즉主ᄭᅴ셔주리실ᄯᅢ에弟子들노ᄒᆞ여곰잡수실거ᄉᆞᆯ사러보내셧ᄂᆞᆫᄃᆡ弟子들이飮食을사러城에드러갈동안에主ᄭᅴ셔새힘을엇으셧슴니다弟子들이飮食을사셔가지고도라와主의게懇請ᄒᆞ야ᄀᆞᆯᄋᆞᄃᆡ랍비여飮食을잡수쇼셔ᄒᆞ니잡숩고십흔ᄆᆞᄋᆞᆷ이업서셔對答ᄒᆞ시기를내게먹을粮食이잇ᄂᆞᆫᄃᆡ너희가아지못ᄒᆞᆫ다ᄒᆞ셧ᄉᆞᆫ즉이ᄂᆞᆫ如何ᄒᆞᆫ말ᄉᆞᆷ이오닛가主ᄭᅴ셔그동안에무ᄉᆞᆷ形便을當ᄒᆞ샤이제새힘을엇으셧ᄂᆞ뇨弟子들은肉身의生覺만ᄒᆞ고神靈上일은모르ᄂᆞᆫ故로서로무러ᄀᆞᆯᄋᆞᄃᆡ누가主님ᄭᅴ잡수실거ᄉᆞᆯ드렷ᄂᆞᆫ가ᄒᆞᆫᄃᆡ예수말ᄉᆞᆷᄒᆞ시기를나를보내신이의ᄯᅳᆺ을좃차그일을完全成就ᄒᆞᄂᆞᆫ거시나의粮食이라ᄒᆞ심을보니우리들이果然그ᄯᅳᆺ을分明히ᄭᆡᄃᆞᆯ줄암니다

누가十九章十졀을보면아바지가아ᄃᆞᆯ을世上으로보내신ᄯᅳᆺ은곳일허ᄇᆞ린者를차자

救援ᄒᆞ시ᄂᆞᆫ듯인ᄃᆡ弟子들이飮食을사러나아가슬ᄯᆡ에불샹ᄒᆞᆫ사마리아女人이물길너나온거슬보시고主님이當身의困ᄒᆞ고주린거슬조곰도生覺지아니ᄒᆞ시고그罪가만ᄒᆞᆫ女人의게罪를ᄀᆞᄅᆞ치시며主ᄂᆞᆫ하ᄂᆞ님의보내신者된거슬傳播ᄒᆞ시매其女人이感化를밧아主를밋엇습ᄂᆡ다 그럼으로예수ᄭᅴ셔새힘을만히엇으셧ᄂᆞᆫ故로肉身의糧食을主님ᄭᅴ드렷스나잡수실生覺도업셧습ᄂᆡ다困苦中에잇ᄂᆞᆫ나의ᄉᆞ랑ᄒᆞᄂᆞᆫ兄弟들이여이러ᄒᆞᆫ理致를ᄭᆡᄃᆞᆺ지못ᄒᆞᆷᄂᆡ가困ᄒᆞᆯᄯᆡ에ᄀᆞ만이안져쉬면더욱困ᄒᆞ게만되나우리들이困ᄒᆞᆯᄯᆡ에하ᄂᆞ님ᄭᅴ셔우리의게맛기신대로施行ᄒᆞ기만ᄒᆞ면困ᄒᆞ던거시라도업셔지고우리ᄂᆞᆫ새힘을넉넉히엇을거시올세다

그러면우리의職分이무어시며하ᄂᆞ님ᄭᅴ셔우리들을世上에보내신ᄯᅳᆺ이무어십ᄂᆡ가(요十五〇十六、마二十八〇十九、)을보면善을行ᄒᆞ야아름다온열ᄆᆡ를밋쳐며特別히죽어가ᄂᆞᆫ人生들의게福音을傳ᄒᆞ야救援을엇게ᄒᆞᄂᆞᆫ거시우리의ᄒᆞᆯ일이오하ᄂᆞ님ᄭᅴ셔우리의게맛기신職分이올세다敎會가맛당히ᄒᆞ여야ᄒᆞᆯ일곳罪에ᄲᅡ져거의죽게된同胞들의게福音傳播ᄒᆞ던거슬至今은거반廢止ᄒᆞ다십히ᄒᆞᄂᆞᆫᄭᅡ닭으로더욱困ᄒᆞ야恩惠를前과ᄀᆞᆺ치엇지못ᄒᆞ게됩ᄂᆡ다

然이나이와ᄀᆞᆺᄒᆞᆫ어렵고困ᄒᆞᆫ形便에處ᄒᆞ여셔라도主님의本을밧아ᄎᆞᆷ고견딤으로써불샹ᄒᆞᆫ同胞들의게福音의말ᄉᆞᆷ을傳播ᄒᆞ기만ᄒᆞ면우리ᄂᆞᆫ其時브터더욱큰힘을엇어압흐로잘前進ᄒᆞᆯ줄암ᄂᆡ다假令自動車가엇더ᄒᆞᆫ힘으로그처럼셀니다라나ᄂᆞᆫ지좀生覺ᄒᆞ여봅세다或은말ᄒᆞ기를더自動車가瓦斯의힘으로간다고ᄒᆞᆷᄂᆡ다然이나其內面을잘研究ᄒᆞ여보면瓦斯의힘ᄲᅮᆫ外라電氣의힘인ᄭᆞᄃᆞᆰ이올세다이電氣筒에셔나오ᄂᆞᆫᄃᆡ萬一얼마동안그自動車를쓰지안코그져두면其筒內의電氣의힘은漸々업서져나죵에ᄂᆞᆫ더갈수업스리만큼되나車內에잇ᄂᆞᆫ電氣機關을發動ᄒᆞ야얼마가게ᄒᆞ면其自動車가감으로재電氣를내여其筒內에更히貯畜ᄒᆞᄂᆞᆫ故로其車ᄂᆞᆫ갈ᄉᆞ록더잘가게됨ᄂᆡ다우리의肉身上으로生覺ᄒᆞ면使用ᄒᆞᆷ을ᄯᅡ라漸々困ᄒᆞ게되여쉬여야ᄒᆞᆯ수밧게업ᄉᆞ나우리神靈上으로論ᄒᆞ면쉬일ᄉᆞ록더욱쇠약ᄒᆞ여져셔하ᄂᆞ님을爲ᄒᆞ야일ᄒᆞᆯ마ᄋᆞᆷ과내몸을밧쳐主님의ᄒᆞ신바事業을ᄒᆞᆯ生覺도업서짐ᄂᆡ다然이나우리의고단ᄒᆞᆫ거슬이긔고主의일을ᄒᆞ기만ᄒᆞ면ᄒᆞᄂᆞᆫ대로趣味를더엇어熱心이ᄯᅩ만히싱길거시올세다우리가밧을바職分대로일ᄒᆞᆷ으로힘을엇을수잇다ᄒᆞ되오래同限일을만히ᄒᆞ면너무困ᄒᆞᆫ故로特別ᄒᆞᆫ方策이잇스여야ᄒᆞᆯ더인ᄃᆡ맛치自動車가감으로새電氣가너무軟弱

ᄒᆞ여져셔別法을使用치안으면아니감니다 그런故로一年에數次式이電氣筒을가자고電氣會社로가셔其會社에잇ᄂᆞᆫ큰電氣發動機에聯絡ᄒᆞ야새로온電氣를만히이電氣筒에貯畜ᄒᆞ여야前과ᄀᆞᆺ치새로온힘을얻어잘가ᄂᆞ니그와ᄀᆞᆺ치主님ᄭᅴ셔世上ᄯᅥ나시기前에우리의게特別하恩惠밧을規模를세우셧ᄂᆞᆫ데이ᄂᆞᆫ곳主의聖餐이올세다其ᄯᅢ에困ᄒᆞᆫ弟子들이다락에모혀主님이죽으실거슬標ᄒᆞ야晩餐잡수실ᄯᅢ에弟子들이特別ᄒᆞᆫ感化를얻어셔其後當ᄒᆞᆯ困難을이긜힘을얻엇슴니다其와ᄀᆞᆺ치우리도主님오실ᄯᅢᄭᆞ지ᄒᆡ마다몃번식主님을아조갓가히ᄒᆞᄂᆞᆫᄆᆞ옴을가지고主님의도라가심을記念ᄒᆞ여야되겟슴니다晩餐을잡수실ᄯᅢ에요한이主님품에안기여聖神과ᄉᆞ랑을ᄀᆞ득히밧은것처럼우리도主님의聖餐을叅預ᄒᆞᆯᄯᅢ마다主님품에안기여크신恩惠를밧아야ᄒᆞ겟슴니다

4. 〈자신을 십자가에 못 박으라〉, 《신학지남》 제17권 제4집, 1935

자신을 십자가에 못박으라

方偉良

—롬六〇一ー十一、갈二〇二十、눅九〇二十三—

문제는 매우 어려운줄로 생각합니다。첫재는 너무오묘한 문제이므로 말슴하는 저도 다 깨닫지 못하는터이매 다른이를 가르치기 매우 힘들고 또 깨닫고 아는대로라도 제가 실행치 못하는것이매 저와같이 하느님의 직분받은 여러분에게 말슴드리기 매우 어렵습니다。그러나 여러분도 다 저와 같이 스스로 부족하고 연약한줄로 생각하시는줄 알고 또 하느님께서 우리가운데 성신으로 주장하셔서 우리 연약한것을 불상히 녁이시고 도아주시는줄 믿는 까닭에 감히 여러분께 이 말슴을 드리려 한것입니다。

문제는 어렵지만 이와 같이 수양회로 모여 부흥은혜받기를 위하고 기도 많이하는데 부득이 생각해야될문제입니다。우리 개인으로 힘이 없어서 죄가운데 쉽게 빠지는것과 교회가 합하지 아니하야 이따금 어려운 문제 생기는 까닭은 우리 신자들이 죄에 대하야 죽지아니하고 자신을 십자가에 못박어 죽이지 못한 까닭이올시다。하느님을 기쁘시게 하랴면 우리 속에 주장하던 그 옛적사람은 반듯이 죽여야 할것이올시다 (롬八〇八)。육신이 있는자는 능히 하느님을 기쁘시게 못하나니 十分之一이나 十分之九가 죽기만하여도안되겠읍니다。온전케 죽여야 할것이올시다。

이대로 말하기 쉬우나 그대로 실행하기 어려운 까닭은 우리속에 예수믿기전에 주장하던 옛적사람이 잘 죽지 않음이외다。

미국속담에 고양이게 아홉생명이 있다고 합니다。먹이지않으되 잘 죽지아니하고 물에 던지든지 막대이로 때릴지라도 죽이기 매우 어렵습니다。어드런 독한뱀은 고양이보다 더 죽이기 어려운놈도 있읍니다。제가 젊었을때 강냉이밭에서 일하다가 갑작이 독한 뱀을 만나 호미로 때려 몸을 두토막으로 찍은 후에도 보니까 성난눈으로 독하게 보고 물려고도 하고 꿍뎅이도 오랫동안 기어다녔읍니다。미국사람의 말에 독한뱀은

해지기전에는 죽지 않는다는 말이 있읍니다。고양이목숨이 아홉개 있다할것 같으면 우리속에 혈기로 살던 옛적사람의 목숨은 백이나 있다할수밖에 없어서 독한 뱀보다 더독하고 죽이기 어렵습니다。

첫재 분명히 깨닫고 알것은 누구나 결심하고 제힘으로 죄를 이기고 하느님을 기쁘시게 할만한자 도무지없다는것입니다。제가 선교사되여 처음 조선에 나올때에열심으로 일하야 하느님을 기쁘시게 하려고생각하고 조선말공부하고 교회일 힘껏하야 보았으나 몇해동안 하다가 큰병이나서 여러달동안 도무지 일못하게되였읍니다。그때제힘으로 못하고 오직 하느님의 성신받어야할줄로 분명히 깨달았읍니다。

특별히 평양서 一九〇七년 큰부흥이 일어날적에는 성신받기 원하야 밤낮 눈물흘리며 기도했읍니다。그때 은혜 많이받았으나 얼마안되여서 그때받은 은혜를 온전히 간수못한것보니 과연 힘으로도 못하고 또 능력으로도 못하고 또 성신받으려고 눈물흘리며 밤낮 가도할지라도 온전히 되지 못하고 오직 날마다 우리위하야 대신해서 십자가에 못백혀 죽은 예수를믿고 나아갈것밖에 없다고 생각했읍니다。주님이 우리 지나간 죄를 위하야 대신 죽으신것을 믿고 그죄 아주없어진줄로 앎과동시에 주님이 십자가에 못백혀 죽었다가 다시 살아나신중에 능히 우리를 날마다 날마다 보호할권능이 게신줄도 알고 온전히 믿어야 죄이길수있는줄로만 압니다。대개 세상을 이기는 이김은 곧 우리의 믿음이라(요一五〇四)。

가장큰 문제는 각사람이 내가 어데있는지 즉 내가 세상에 속하였는지 예수에 속하였는지 알어보는 그것입니다。세상에 속한자는 반듯이 죽을것이오 세상에대하야 죽고 거듭나 예수안에 있는사람은 영원히 살줄 우리가 알지 않습니까? 그럼으로 무엇보다도 내가 어데있는지 늘 살펴야 하겠읍니다。

오늘모인 우리 여러분이 다 거듭나서 하느님의 아들들되는줄 믿읍니다。마는 우리 맘에 분명히 앎고저하면 이 두가지를 하느님앞에 대답하시오。

첫재는 예수는 하느님의 아들된줄로 진실히 믿습니까。둘재로는 아는대로 하느님의 뜻대로 할맘 있읍니까? 실수하지맙시다 하느님의 뜻대로 하였느냐 물어보는것도 아니오 하느님의 뜻대로 하겠느냐 물어보는것도 아니오 다만 참말로 하느님의 뜻대로 할맘있느냐 묻는말입니다。

이전에 죄많이 범한줄로 알고 이앞으로 또 실수하기 쉬운줄로 아나 예수를 믿고 하느님의 뜻대로 하고저 하는자는 다 주의신이 있어서 하느님의 자식되는줄로 압니다。

연약해도 하느님의 자식되는줄로 분명히 알것같으면

세가지 할일이있읍니다 롬六〇十一ㅣ十三에 차례로 가르쳤읍니다。一은 죄에대하야 죽고 하느님에 대하야 산줄로 녁일것이외다。二는 죄에게 복종치 아니할것、三은 몸을 하느님께 드려 옳은일할것、큰 분간이 생겼읍니다。거듭나기젼에 우리가 죄의 지경에서 살며 죄의종이 되였으니 암만해도 죄를 벗어나지 못했읍니다。이제는 예수믿음으로 죄의 지경을 떠나고 주안에서 사는자니 어젼과같이 죄에게 복종할 까닭이 없고 시험당할때마다 주께 부르짖고 의지만하면 마귀를 넉넉히 이길수 있읍니다。

그러나 실수하지 맙시다。우리는 죄에대하야 죽었다할수 있으나 죄는 우리를대하야 죽었다고 하지 못합니다。아직까지 우리가 죄많은 세상가운데 살아있는것뿐아니오 우리 몸에도 죄의 습관이 있고 죄의 뿌리가 많이있는고로 생젼까지는 죄와 싸우는 생활을 하여야 되겠읍니다。그러나 하느님께 감사할것은 주의 도아주심으로 죄에게 지지않고 이기는 생활할수 있음이외다

가령 혹 어려운 사람이 자기 딸을 기생으로 팔면 그 여자가 청루에 있어서 죄의 생활을하고 자유없어서 종노릇했다 하되 혹 어드런이가 그여자를 불상히 녁이는 맘으로 돈을 대신 물어주고 속량하야 제집에 인도하야 제딸처럼 보호한다 하면 이젼에는 죄의 종이 되였었으나 지금은 사랑하는 자유의 자식이 되였읍니다。

만일 그젼、주인이 다시와서 젼과같이 자기집에 가자고 강할할려고 하면 못가겠다고 거절할 권이 넉넉히 있는줄 압니다。우리하느님의 아들된 자에게 이런한 마귀를 거절할권이 있고 또 보호할 주님이 가치 계신줄로 알고 깊이 믿는것이 승리적 생활의 비결이외다。

講道本文과題目

여러가지意見들

一、一人이各된세가지意見 누十一章四、六、九
二、自己同生에對한意見 누十五章二十五ㅣ三十一
三、거룩한自己에對한意見 벧前一章十五
四、미련한富者의意見 누十二章十
五、將來福樂에對한使徒의意見 로八章十八

今春神學校卒業한校友消息

一、池世演 慶北 新寧邑敎會에
一、尹熙爽 忠北 報恩邑敎會에 就任奉職中입니다

5. 〈외국전도할 책임〉, 《신학지남》 제17권 제6집, 1935

외국전도할책임

방위량

하나님의생각은 사람의생각과 같지않다。가령 사람으로서는 우리친구를 사랑하고 원수를미워하고 또재물을 모아쓰되 받는것만복되는줄 알기쉽다。그러나 예수님의 말슴은 네원수를사랑하고 너를핍박하는자를위하야 기도하라고하셨으며 주는것이 받는것보다 복이있다하셨다。

그리고 복음을 권하는데대하야서도 교회창시한때부터 지금까지 교인중 어떤이들은 가까운이에게만 복음을권해줄생각이있고 먼데나라백성에게까지 권도할의무가있는줄로는 깨닫지못한이가 많이있었다。그들도「예루살렘과유대와 사마리아와 따끝까지 니르러 내증인이되리라」한예수의말슴을 리해하지못하는것은 아니나 그실행순서에있어서 예루살렘에 사는사람에게 먼저 온전히전도한후에 유대나라에전도하고 유대사람들이 다 믿은후에 사마리아인에게 전도하고 사마리아인에게 온전히전도한후에 따끝까지나가서 전도하여야될줄로 생각한다。그러나 성신님은 이렇게인도하시지않는다。예루살렘에 주의교회가완전히서기전에 빌립이 성신의인도하심으로 사마리아에나가서 사마리아인에게 복음을전하매 많은사람들이 기쁜맘으로 회개하고 주를믿었다。그소식을듣고 베드로와요한 이두사도가 사마리아에와서 과연 하나님이 역사하시는것을보고 기쁜맘으로 거기있는형제를위하야 기도하야성신충만함을 얻게 하였다。

이와같이 성신의인도하시는대로 제자들중 두어형제가 안디옥에와서 복음을 전하기를시작할때 많은사람이 복음을믿는중 뜻밖에 이방사람들중에서도 여럿이 주의복음을 기쁘게듣고 순종하였다。또한 안디옥교회가 든든히 서기도전에 거기있는 형제들에게 성신이 말슴하시기를 바나바와 사울을 따로 세워 내가 불러 시킬일을 하게하라(행十三〇二)하셨다。이창립한지 몇해되지못한 아주연약한 안디옥교회에서 제일힘있는 두사람을 따로세워 먼나라까지 보낼수있게된것은 사람의생각대로 된일은 아닌줄로안다。반대하는자있어 말하기를 먼저 여기있는사람에게 복음을온전히 전도한후에 다른나라로 보내자고 말하였었을런지 모르나 이일은 성신께서 분명히 지시하신바이매 누가 능히 막을수 없었다。그까닭으로 멸해않되여서 주의복음은 온세상에퍼지게되였다。

이것을 미루어 생각컨대 하나님의 교회가 시작될때 주의 뜻으신뜻대로 가까히있는 사람에게전도하면서 동시에 먼데사람에게도 복음을 전한까닭에 교회가 크게 진흥한것이 사실이다。그러나 구라파 여러나라 교회는 그후에 각각자기네교회가 든든히 선다음에도 외국전도에는 열심을 내지않은까닭에 마치 강물이 드려오기만하고 나가는데는없는 사해(死海)와 같아서 생기없게된것이다。

교회갱정하든당시 불란서백성중 모레비안교도들은 수효는 많지안었으나 주의말슴대로 온세상에 복음을전할 열성이 있은까닭에 여러나라로 선교사를 많이보내여큰 은혜를 끼치고 또한 그교파도 유명하게되였다。

과거백년동안 주의복음을받은 여러나라교회들이 새롭게 주의마즈막 명령하신말슴을 기억하여 온세상사람들에게 다시전도하기를 시작하여 전도회를설립하고 선교사를보낸고로 불과 백년내외에 사방은 주의말슴들지못한백성이 별로없을만치된것이다。그러나 그중에는 반대하는 사람들도있어서 말하기를 우리백성중에도 아직까지 예수믿지안는 사람이 많은데 많은재정과 귀한일군을 외국에까지 보낼까닭이 무엇이냐고한다。만일 이런 이들의 생각대로했다면 이때까지 조선으로 건너온 선교사 하나도 없었을뿐아니라 유로바 나라와 미국이라도 주의복음을 받지못했을것이다。감사하는것은 주의성신이 넓은생각과 크신사랑을 배코십으로 참믿는신자들의 마음에 감동이생겨서 자기백성이 다믿기를 기다리지아니하고 다른나라에게까지 복음을전하야 오늘과같은 성황을 보게된 그것이다。

외국전도를 언짢게 생각하는이는 아마도 우리교회가 너머 면약하니까 외국까지 돈과일꾼을보낼것같으면 우리백성을 위하야 전도할힘이 없어지리라는것을 걱정해서 그러는 모양이다。

그러나 이런염녀는 헛된염녀이다。어데던지 어느나라던지 외국전도에 제일많이 힘쓰는교회가 본국전도에도 제일 많이 힘내는 교회임을 볼수있는까닭이다。

그래서 우리조선교회도 외지전도사업을 힘써야할것을 생각한다。그런중 특히 우리 조선교회에 있어서는 커 만주로나간 동포를위하야 먼저 힘써야할것이다。시방하는대로뿐아니라 여러배나더크게 힘써야할것이다。

국문제요

윌리엄 뉴튼 블레어(William Newton Blair, 방위량(邦緯良), 1876-1970)는 1901년 9월 내한하여 1947년 대구선교부에서 은퇴하기까지 47년 동안 한국에서 사역했던 미국 북장로회 선교사이다. 그는 1907년 "평양대부흥회" 당시 부흥회의 설교자이며 인도자였고, 1909년부터 일어난 "백만인 구령운동"과 1919~1935년의 "기독교 진흥운동"에서도 주도적인 역할을 담당하였다. 그는 한국교회의 개척사업과 기독교 교육사업에 지대한 공헌을 하였으니 장로회 평양선교부를 중심으로 한 서북지역의 5개군을 관할하며 순회전도사역을 하면서 57개의 교회를 개척하였고, 1901년부터 숭실학당(Soongsil Academy)과 평양신학교, 숭실대학, 교회의 주일학교에서 교육사업에 헌신하였다. 1930년대 후기 일제의 신사참배 강요에 따른 탄압과 박해를 받는 가운데에도 블레어는 결연히 신사참배를 거부하다가 1942년 일제에 의해 강제로 출국 당해 미국으로 송환되었다.

그는 1901년부터 숭실학당에서 체육과 음악을 가르쳤고, 1908년과 1920년에는 미국에서 모금활동을 전개하여 숭실대학(Soongsil Union College)과 평양신학교의 건물을 신축하였으며, 1930년대에는 숭실대학의 교수로 재직하면서 후학을 양성하였고, 숭실대학이 신사참배를 거부하고 자진 폐교할 때에는 재단이사장으로 학교 운영과 폐교절차를 진행하는 등 숭실대학의 교육, 행정에 직접 참여한 경영자이기도 하였다. 그는 5권의 저작과 30여 편의 논문을 저술하였고, 대부분 영어로 기술한 저술 중에 4권의 한글 번역본이 출간되었지만, 아직 블레어의 한국선교사역에 관한 전문적인 연구저작은 나오지 않았다. 본서는 국내외의 관련 논저를 수집 조사하여 모두 183쪽의 편폭으로 47년간 한국에서 진행된 블레어의 선교사역과 숭실대학에서의 교육사역에 대해 전반적으로 고찰해 보았다.

An American Presbyterian Missionary William Newton Blair's Missionary Work and Soongsil College

Soon-Bang Oh

An American Presbyterian Missionary William Newton Blair(1876-1970) served in Korea for the Presbyterian Church in the first half of the 20th century. He played a key role in Korean church planting movement and Christian education. As part of the mission work, he planted 57 churches in the area of North West Korea, and led movements such as The Pyengyang Revival(平壤大復興會), The Evangelization Movement for Millions of Korean(百萬人救靈運動) and The Forward Movement(基督教振興運動). He also dedicated his life to Christian education: he raised funds to build Soongsil Academy and Pyongyang Theological Seminary and served as a professor of Soongsil Union College. While he was a chief director of Soongsil foundation, he and the school participated in protests against Japanese colonialism which was ended up with school shut down.

There has been no dedicated academic research on the trace of his activities so far. Therefore, the purpose of this book is to investigate his missionary and educational works based on analysis of his 5 books and over 30 papers.

오순방 吳淳邦

韓國外國語大學校 中國語科 졸업, 國立臺灣大學校 中文研究所 문학박사

韓國中國小說學會 회장, 中國語文論譯學會 회장 역임

中國 山東大學 객좌교수, 天津師範大學 古籍整理研究所 초빙연구원

일본 東京大學 東洋文化研究所 연구교수

미국 하버드대학 옌칭연구소, UC 버클리대학 방문교수

臺灣 國家圖書館 漢學研究中心, 中央研究院 中國文哲研究所 초빙교수 역임

현재 崇實大學校 中文科 教授

著譯書로는 《清代長篇諷刺小說研究》(北京大學 出版社), 《晚清諷刺小說的諷刺藝術》(上海 復旦大學 出版社), 《中國古典小說總目提要》전5卷(蔚山大學校 出版部), 《20世紀 中國小說의 變革과 基督教》/《中國 近代의 小說翻譯과 中韓小說의 雙方向 翻譯 연구》/《19世紀 미국선교사 윌리엄 마틴의 基督教寓言小說《喻道傳》研究와 中韓 譯註》/《19세기 동아시아의 번역과 기독교 문서선교》(崇實大學校 出版局) 등 29권의 저역서와 90여 편의 연구논문이 있다.

수상경력:

1. 中華民國 臺灣省 文藝作家協會 文藝理論賞 수상
   수상작:《晚清諷刺小說的諷刺藝術》上海 復旦大學出版社, 1989년 5월
2. 韓國中語中文學會 제1회 학술번역상 수상 수상작: 《中國古典小說總目提要》전5권, 울산대학교 출판부, 2000년 11월
3. 2016년 한국출판문화산업진흥원 세종우수학술도서 선정
   《19세기 동아시아의 번역과 기독교 문서선교》, 2016년 6월
4. 2006년, 2012년, 2013년, 2014년, 2015년도 숭실대 S.F.P. 연구업적 우수교수

방위량 邦緯良
섬김의 부흥운동가

초판 발행일　2017년 4월 30일

저　자　오순방
발행인　황준성
발행처　숭실대학교 출판국
등　록　제14-2호(1982. 1. 25)
서울 동작구 상도로 369
전　화　02-820-0772
팩　스　02-817-5297
홈페이지　http://press.ssu.ac.kr
디자인·인쇄처　디자인 그린비(02-2275-5756)
값　10,000원

ISBN　978-89-7450-362-8　04230

* 이 책은 저작권법에 따라 보호받는 저작물이므로 무단전재와 무단복제를 금지하며, 이 책의 내용의 전부 또는 일부를 이용하려면 반드시 저작권자의 서면 동의를 받아야 합니다.
* 잘못된 책은 바꾸어 드립니다.